シュタイナー 世直し問答

Rudolf Steiner
Nishikawa Ryuhan

ルドルフ・シュタイナー◉著
西川隆範◉編訳

風濤社

緒言

西暦二〇〇八年からの不況は、家計のやりくりもさることながら、あらためて世界経済・国民経済のあり方へと私たちの目を向けさせました。いまの社会はどこかおかしい、と思っている人は少なくないでしょう。

「シュタイナー教育」の創始者として知られるルドルフ・シュタイナー（一八六一～一九二五年）が最も力を注いだのが、社会有機体三分節（Dreigliederung der sozialen Organismus）の運動です。

シュタイナーがまず語ったのは、労働に対して賃金が支払われると、労働者は自分を商品として資本家に売っていることになり、人間としての尊厳を傷つけられるということです。労働と賃金を切り離す必要がある、と彼は言います。雇い主は労働者の生活のために金銭を贈るのだ、と言うのです。労働者が作った製品を経営者が買い取るという形で金銭が支払われるのが本来のあり方です。

自然経済だったころ、人間は実際に価値のあるものを目にしていました。それが貨幣経済に変わって、価値と価格が混同されています。金銭は価値の尺度にすぎないのに、貨幣が価値を有すると思い込んでしまいます。

また、私たちは土地を売買するので、土地を商品のように思い込んでいます。しかし、自然そのものは商品以前の存在です。生産されたものは商品になりますが、土地は始めから存在しているものなので商品にはなりません。土地の占有権は売買できても、土地そのものは売買できません。

貨幣には、

「買う」

「貸す」

「あげる」

という三つの機能があります。

「金銭で商品を買う」

「金銭を企業家に貸す」

「学問・芸術組織などに寄付する」

という三つの機能です。

商品を買うとき、私たちは経済活動に参加しています。

金銭を貸借するとき、私たちは法律に関わります。

お金をあげることによって、精神生活が発展します。

どんなものもやがて傷んで使えなくなるのだから、貨幣にも有効期限（一五年とか二五年とか）を設け、有効期限以降は流通できないようにするべきだ、とシュタイナーは考えました。

＊

売買するとき、たんに売り手が儲けるのではなく、消費者も自分の利益になる買い物をしています。自分が持っている金銭よりも、それによって入手できる商品のほうが自分にとっては価値が高いから、金銭を支払ってその商品を手に入れるわけです。

生産者は人に買ってもらえるものを作る必要があります。人が買いたいと思うもの、人の役に立つものを作らなくてはなりません。他人の要求に応えるために生産・販売するのは、人のために働いているのだから、利他主義です。労働は他人にとって有用なものを作る行為、つまり利他主義の行為ということになります。

「人のために働くことと収入を得ることとは、まったく別のことだ」と、シュタイナーは言います。労働者は「私の仕事はどのように人の役に立つか」という観点に立つとよい、と彼は言います。

経済が政治や精神生活を凌駕して発展し、人間の考え方・感じ方に影響を与えた結果、人々は自分を経済活動に適応させています。精神生活と法律は経済活動から生じる「観念形態」ではない、とシュタイナーは言います。経済は生活の基盤ですが、人間は経済を越え出る存在です。

経済というのは生産物を人々が交換することであり、その交換にあたって価格が決定されます。経済の課題は人々の要求を満足させることです。

経済は商品の

「生産」

「流通」

「消費」

に関わります。

消費者組合は、消費者が生産者を支配することになります。

労働者組合は、資本主義的に生産する労働者を生み出します。

資本主義は利己主義をもたらし、社会主義は人間を知らない理論から発している、とシユタイナーは言います。

彼が勧めるのは、生産者と販売者と消費者がさまざまな分野のアソシエーションを作り、消費に見合う生産を具体的に取り決めることです。三者で協議すれば、自分の利益の主張ではなく、社会の維持・発展という観点から話し合いがなされます。

経済上の判断を下せるのは、経済の具体的な経験を持つ人々です。商品の動きの実際を体験している生産者と販売者と消費者が、社会的な判断を下します（アソシエーションに加入せずに生産・販売するのも自由ですし、独自にアソシエーションを作るのも自由です。経済は個人の自主性に基づくものであって、抽象的な共同意見を尊重すると衰微します）。

アソシエーションは専門知識によって需要を見極め、適正に生産し、公正な価格を形成します。「公正価格」というのは、生産者が次の製品を完成するまでの期間、生計を立てられる価格です。

＊

シュタイナー思想の特徴は、混ざって濁ったものを三つに分けて純化した上で、その三つをあらためて結びつけるというやり方です。

シュタイナーは社会を、

「経済」

「政治」

「文化」

に三分節化する必要性を説きました。その三つは別々の原理で動いており、どれかが他の領域に干渉すると社会という生きものは病みます。

「博愛を基盤とする経済活動」

「民主主義による平等な政治」

「個人の自由に基づく精神生活」

の三つに、社会という有機体は分節されています。人間が頭部・胸部・腹部の機能によって生きているように、社会も三つの部分それぞれが独自の機能を発揮することによって健康になります。

「経済アソシエーション」が経済を担当し、

「国家・政府」が政治を行ない、

「文化コーポレーション」が学芸を育成します。

たとえば、学校は政府や経済の干渉を受けません。国家が自らの力を強大にするために経済を利用したり、経済人が政治をとおして利益を要求したり、宗教が政治に結びつくと社会に災いが生じます。

「経済アソシエーション」が経験と専門知識をとおして、社会が必要としているものを生産するよう管理します。人々の要求に応えるように経済活動を行なうと経済は健全に発展し、生産を政治が管理すると経済が政治化します。失業問題に対処するために労働力の配分を考えるのも経済アソシエーションの仕事です（ただ、経済状態が悪化したときには、国家が対応します）。

労働者が生産したものは経済活動に属し、その価格を経済アソシエーションが決定しますが、労働は経済ではなく法律に属します。ですから、商品の価格を決めるとき、その商品の生産に要した労働力を計算に入れません。生産が追いつかず、価格が上昇したときは、その部門に労働者を回して生産量を上げます。

マルクス主義は国家を経済組織にするものだが、社会有機体三分節は経済活動を国家から解放する、とシュタイナーは言います（シュタイナーは、鉄道や郵便なども国有化から解放される、と考えていました）。

政治が経済に介入したり、理論的な意見が入ってくると、価格が適正でなくなったり、生産と消費のバランスが崩れたりします。政治による規制を行なわなければ、経済原則によって需要・供給は調整されます。ただシュタイナーは、「アダム・スミスは国民経済について私経済的な思考をしている」と見ており、「価格は需要と供給の関係で決まる」という商人の方程式をスミスは経済全体に当てはめている、と指摘しています。

＊

自然は人間に素材を提供します。人間はそれを労働によって加工します。そのようにして作られた商品を人は買って、消費します。労働によって自然の産物を加工するときと、人間の才知によって労働を編成するときに、経済的な価値が生じます。

自然資源と労働力と資本が「商品」になってしまうと、生産が過剰になったり、貧富の差が広がります。自然資源と労働力と資本を売買の対象にしないことが大切です。

法律が資源の利用を検討し、賃金を保証します。

人々の要求を満足させるために自分の能力を用いるのが企業家です。その能力を投入できるあいだだけ、企業家は資本を保持します。経営能力のある人物が、その能力のあるあいだ、資本を運営するのです。資本は所有されず、貸与されるのです。

出資者は、その事業があげた利益に対する要求権を持ちません。――日本でも「貯蓄から投資へ」と呼びかけられ、分散投資が安全と言われますが、株で儲けようなどとは考えずに、自分が応援したい企業に投資したほうが、たとえ損をしても、投資のしがいがあるでしょう。

貨幣は支出するとき、力を発揮します。貨幣そのものには経済的な価値はないので、たんなる金銭に課税する所得税というのは理屈に合わない、とシュタイナーは言います。貨幣を使うときに課税されるべきだというのです。

現在、世界にはシュタイナー方式の銀行がいくつもありますが、利息は銀行家と協議して預金者が決めます。そして、銀行がその金銭をどこに回すかを預金者は指定します。

また、土地や工場は利用されるものであって、所有されるものでないから相続できない、とシュタイナーは考えました（農地は例外としています）。

いま日本では裁判員制度が問題になっています。シュタイナーは、精神的な領域に基盤を有する司法機構が精神的な職業に従事している人々のなかから裁判官を一定期間（五〜一〇年）選び、裁判を受ける人はどの裁判官によって裁かれるかを選べるようにする、という案を持っていました。

生活状態が向上すれば人間はおのずと勤勉になるのではなく、人間の精神的・心魂的な道徳感情を向上させることが先決だ、とシュタイナーは言います。確かなのは人間のなかに眠っている「高次の自己」であり、精神的な世界観が高次の自己を目覚めさせるというのです。そうなると、精神的使命を持つ社会のために働く意味が感じられるようになります。扇動的な国家観によって頑張るのは危険ですが、各人が理想を持つことは、生きる上でとても大きなエネルギーになります。

精神的世界観がないと、物質的な裕福さを要求する利己主義が発生して、社会に貧困が生じます。

＊

シュタイナーは一九〇五年以来、「精神科学と社会問題」と題した講演（邦訳「社会を考える（一）」『あたまを育てる・からだを育てる』風濤社所収）を各地で行ないました。

そして、第一次世界大戦中に社会の再編の必要を強く感じたシュタイナーは、一九一九年二月チューリヒにおける連続講演「社会問題」（抄訳「楽しく働ける社会」『職業のカルマと未来』風濤社所収）を皮切りに、本格的に社会改革案を語りはじめました。

一九二二年一一月には、オスロ大学で経済人を対象にして「経済の根本問題」（邦訳「社会を考える（二）」『あたまを育てる・からだを育てる』所収）を語り、翌一九二二年の七月から八月にかけてドルナッハ（スイス）で経済学部の学生を対象に「国民経済学講義」（邦訳『シュタイナー経済学講座』筑摩書房）を行ないました。

本書後半に収めた「経済セミナー」は、この「国民経済学講義」と並行して行なわれた質疑応答です。前半に収めた「社会問答」は、一九一九年一〇月にチューリヒで行なわれた公開講演『社会の未来』（部分訳、イザラ書房）に際しての質疑応答です（社会問題・経済問題から大きくそれている質問は省略しました）。

家計に関してなら、幾多のビジネス書や金運書に書かれているように、心底無欲で正直なお人好しでいれば、なんとか無事に（あるいはとんとん拍子に）やっていけるでしょう。しかし、真面目に一生懸命働いてきた人々が突如として食べていけなくなることがあるという現状をどうにかしなくてはいけないと考えるとき、シュタイナーの社会改革案にいくつかのヒントが見出せるのではないでしょうか。

シュタイナーは、本当に利他的な経済を発展させるのはアジアの役割だ、と言ったことがあります（『精神科学の認識から社会を理解する』一九一九年）。

平成二一年季春　　西川隆範

シュタイナー世直し問答＊目次

II　経済セミナー

第1セミナー　94

『社会問題の核心』は確かに「論理的に自らの内で完結している」ように見えますが……／国民経済的認識のために、どの程度インスピレーションが……／それでも、大概念は必要ではありませんか……／私は芸術・宗教・スポーツに関することを、すべて経済的観点から見ること……／経済的観点から考察できるということには同意します。しかし……／国民経済における「標準」について……／統計の価値は……／数を集めるに際してインスピレーションが……／国民経済的作用を観察するときに、統計から出発せずに……／財産があるかぎり、国家は貨幣の増産によって……／国家は、企業のなかにある国民経済的な資本によって……／私が言いたいのは、国家は資本を吸い取る……

第2セミナー　117

国民経済的な意味における労働は……／労働の本質の問題には、買い手の側からの評価が……／経済行為の検証は評価とどんな関係に……／経済行為というのは、検証を先取りすることだ……／経済的労働は、直接あるいは間接に価値創造的に作用する……／労働は限定された経済有機体にとって……／国民経済的な思考と生物学的な思考の……／鰊の卵と、印刷されたけれども断裁された詩集との……／生物学的な思考

資本という相互の……／それはバランスシートに……／なぜ賃金が「発生」……／生産物が安くなる……

I　社会問答

1919. 10. 24 - 30

第1問答

——財の客観的な価値尺度は、どのようにして見出せますか。

シュタイナー　その問いは経済に関するものだ、ということが明らかです。財の価値への問いは、経済生活の土台でのみなされます。まず、現在、学びなおし考えなおす必要のあるものを知ることが大事です。

現在、人々は非常に実際的に考えているように見えます。いまでは、さまざまなものが「灰色の理論」だと言われます。しかし、本当に実際的な思考は、そうではありません。今日、自分のことを専門家だと言っている人々が、最も灰色の理論に支配されています。彼らはその灰色の理論を日課のように語っており、それが生活に実りをもたらすか破壊的に作用するかを見ずに、実際的だと思っているのです。

私が唱えている「社会有機体三分節」は、生活実践から得られたものであるという点で、社会主義その他の理論とは区別されます。財・仕事・産物の客観的価値への問いは、経済生活の土台の上でなされねばなりません。

ここで、現在の考え方には縁遠いことを言いますが、「財の価値とは何か」という定義を見出すことが問題ではないのです。人間はあらゆることがらについて、みごとな定義を見出しました。しかし、みごとな定義が生活においては前進をもたらさないことが、しばしばあります。

財の価値について語るとき、「これこれが財の価値だ」と言えることが大事なのではありません。財の価値が流通のなかで表現されることが大事であり、私が作る財が、私の仕事に必要なものを私にもたらすことが大事です。つまり、財の循環のなかに、財が相応の価値とともに入り込むことが大事なのです。何が財の客観的価値尺度かを示すのではなく、人間による財の生産が共同体の益へと循環する社会構造を見出すことが大切です。なによりも、財の価値を左右する条件を見出すことが大事です。

たとえば、なんらかの経済領域で、人間に消費可能な脂肪を作りすぎた、としましょう。人間が消費しない過剰分を、車両用グリースに用いることができます。しかし、そうすることによって、人間共同体にとって脂肪の価値は本質的に下がります。脂肪の生産が少なすぎたとしましょう。そうすると、価値は上がり、平均以上の財産を持っている人々だけが脂肪を手に入れることができます。

財の価値、仕事の価値が上がるか下がるかの条件を私たちは示せます。

個々の財の価値が、それぞれ相応に表現される社会構造を生み出すことが大事です。相応の貨幣価格によって価値を示すことが重要なのではありません。そのようにしても、完全な価値にはいたりません。その財が他の財と比べて相応の価値を有するにいたることが大事です。この問いは経済生活の土台の上で発せられます。価値の定義ではなく、財が相応の正しい価値を得ることのできる条件が問われます。

これが、まず話したかったことです。こう語ることによって、多くの点で社会生活についての問題設定・表象方法が変わるにちがいない、ということを示唆したかったのです。人々は考えなおすことに慣れねばなりません。今日では実際生活が理論のなかに吸収されている、と私は言いたく思います。いま貨幣経済の影響下に抽象的になった生活のなかに、信用経済における具体的ないとなみがどう入っていくか、私は示唆したいのです。

これらのことがらを今日、学問が高慢に取り扱っています。本当の価値がいかに複雑な状況に拠っているか、人々は気づいていません。単に価格を取り上げると、本当の価値をイメージできません。経済の基盤全体を扱わねばなりません。

たとえば金のような価格形成について語ることができます。限定された経済領域内部で、たとえば鵞鳥は価格で表現される価値を有しています。それは貨幣価格です。これは、たとえばウンルー[*1]のような経済学者が、全体との関連なしに示唆している事実です。しかし、他の経済学者が行なっているように、国民経済の構造全体を研究しようとすると、非常に一面的な結果にいたります。というのは、閉じられた経済領域において、鵞鳥の価値は単なる貨幣価格によっては決定できないからです。ある経済のなかで鵞鳥が、脂肪を得るために売られるか、毛をむしって羽を売られるか、どちらの点で評価されるかに価格は依存します。羽の生産者か鵞鳥の生産者かに、多くが依るのです。経済のいとなみを事実に即して考察すると、それが明らかになります。

個々のものが金銭的にいくらするか、単に統計的に数を取り上げると、事実に即した経済の歩みを洞察できませんし、本当の評価をできません。

価値について語ろうとするなら、あらゆる点を扱い、厳密に経済の土壌に立脚しなければなりません。「価値はどのように客観的に表現されるか」と問う必要もありません。「どのような社会状況が、ある財・仕事・製造に、他の財・仕事・製造と比較して正しい価値を与えることができるか」と問う必要があります。これが正しい問いです。今日の理論的な問いを実際的なものにする必要があります。今日、実務家・専門家であろうとする人々の多くには疎遠な、この実際化に向けて「社会有機体三分節」は活動しています。

＊1　Conrad Max von Unruh　ドイツの上級事務官（一八四二～一九二一年）。著書に『社会経済の生理学』。

――どのような前提から「社会有機体三分節」は発生したのですか。

シュタイナー　社会問題が危機的になったのは世界大戦のあいだである、と言わねばなりません。

私は個人的なことに触れるのは好きではありません。しかし、このようなことがらにおいては、個人的なことに触れる必要がしばしばあります。私には社会問題の歩みを十分に体験する機会がありました。私は長いあいだ、ベルリンの労働者教養学校[*2]で教師をしていました。そこで、壮年だけでなく、しばしば老年の生徒たちと交流することによって、社会問題を非常によく研究できました。

私は社会問題を、さまざまな側面から、生活のなかで実際的に知りました。なによりも第一に、大衆の心魂のなかで社会問題がどのように体験されており、いかに大衆には社会問題の理解が困難かを知りました。私が労働者教養学校で教えていたのは今から二〇年前のことですが、一九世紀から二〇世紀への転換期に、今日の社会における混沌と破壊作用を防げるアイデアを近代の労働者たちに伝えることができるはずだ、と私は思いました。本当にはっきりと、「精神から生まれた理念は、人々が注意を向けていたら、二〇年前に大衆に受け入れられていただろう」と思うことができます。

ほかの面を知ることによって、それに対立するものを私は知りました。それ以来勢力を増した、まったく別の思考方法の信奉者たちが私の生徒のなかにいる、という災難が私にふりかかりました。しかし、いかに健全な理念が大衆に受け入れられるか、私は知りました。遠慮せずに事実を語れば、「労働者教養学校の社会主義的な教師たちは、アジテーションのような授業をしていた。彼らの授業は、一学期には一定数の受講生がいたが、その数はすぐに少なくなった」と言うことができます。私の授業の生徒数は、新学期ごとに増えていきました。市民的な学問の断片を受け取って利用するプロレタリアート指導者にとって、私のクラスの生徒は多くなりすぎました。

彼らは私の授業に人気があるのを知って、生徒を集め、教師たちのなかから少数派の三人が代表者としてやってきました。私は正しいマルクス的歴史観・唯物史観を教えていない、と非難されました。私は、人々を唯物論に導くため、マルクス主義を支えるために自然科学を利用しておらず、厳密な方法で科学の見解を大衆にもたらそうとしている、と非難されました。私は社会主義的システムのドグマ的教師ではない、と非難されたのです。

私は、「未来のために働く団体を思い浮かべてみてください。最初に必要なのは、本当に未来的な要求を君たちが持つことです。つまり、君たちが学問の自由を承認することです」と、言いました。教師の一人が、「私たちは学問の自由を認めることはできない。学問の自由は社会生活において、私たちにとって何の意味もない。私たちに大事なのは理性的な強制だけだ」と反論しました。

六〇〇人が私に賛成し、三人が私に反対でしたが、この「理性的な強制」の下で、私は追い出されました。これが、私が知ることのできた、社会問題の別面です。どのような公けの力の下に社会問題があるかを見ることができます。

人間の生活、人間の進歩のなかで、いかに精神的なものと法律・政治と経済が共同しているかを次第に洞察していかなくてはなりません。最近の状況下に、「法律・政治」「精神・文化」が「経済」に混ざり込んで、大きな経済帝国・経済帝国主義が形成されたのを見ることができます。一九世紀末・二〇世紀初頭に、ある人々が理想と見なしたのと同じ方法で経済システムが経過していくと、絶えざる危機に導かれざるをえないということを、人々は知りました。そして、世界大戦は政治・文化・経済の混合という危機から出来《しゅつらい》したことが分かりました。国家は政治的法人から経済的帝国に変貌しました。その経済的帝国が自らの内に政治と精神生活を取り込んだのです。

世界大戦の結果を取り上げましょう。私は、いま話しているような社会問題については比較的遅くに語りはじめました。自分の課題の一つとして、私は社会問題について話さなければなりません。私は一生のあいだ、人間の社会運動を観察してきました。

私は半生、三〇年間をオーストリアで過ごしました。オーストリアではテストケースのように、精神状況、特に民族・文化状況、法律・政治状況、経済状況が縺《もつ》れあっていました。ヨーロッパ南東を取り上げてみましょう。そこから、世界大戦の誘因が発しました。のちに大きな炎へと燃え上がるものが、露土戦争後のベルリン会議（一八七八年）で準備されたことが分かります。その会議で、オーストリアはボスニアとヘルツェゴヴィナの占領を認められました。これは政治的なプログラムであり、オーストリア－ハンガリーの政治構造に介入するものでした。

しかし、そのようにして作られた状況は、バルカンで根本的変革が起こったとき、もはや保持できませんでした。政治的変革、政治・法律領域における変革です。古いトルコの要素が、若いトルコの統治によって取って代わられたのです。その結果、ボスニアとヘルツェゴヴィナの占領ではなく、併合へとオーストリアは導かれ、ブルガリアが独立を宣言して公国から王国になりました。これが当時の政治状況です。

そして、経済状況が政治状況と合同し、この合同からとんでもない事態が発生しました。オーストリアの政治的管理は同時に経済的な管理であったので、たとえばオーストリアから南東に向かうサロニキ鉄道の建設が政治状況と結びつかねばなりませんでした。これは純粋に経済的なことです。しかし、政治的状況が絶えず経済的状況に作用します。すべてが精神的・文化的な状況の無理解に基づいています。すなわち、スラブ文化とゲルマン文化の対立に基づいています。

この三つのことがらが相互に縺れあい、この縺れから恐ろしい破局が発生しました。法律、精神・文化状況、経済状況が区別されなかったことによって、偽りの状況が作られていきました。

しかし、この状況は分離・区別へと進みました。そして、新しい時代状況の到来と共に、きわめて早く、法律・精神生活・経済が互いを区別しようとしました。縺れあいから世界大戦のような恐ろしいことが発生しうるという事実が、経済状況・精神状況・法律状況は比較的早く相互に分解する、ということを示します。化学実験室で、組になっていない物質を一緒にしても分離するのと同じです。

比較的早くに現われた現象を私は思い出します。宗教改革後、ルネサンス後、その現象は曖昧になりました。中世の歴史を研究すると、教会が利子に反対していたのが分かります。金銭の貸し借りから利子を取るのはキリスト教的生活とは合わないという教えを、教会がいたるところに広めたのです。それは教義・精神生活上のことでした。この教えを人々は素晴らしいと思いました。しかし、教会は実際には、金銭の貸し借りにおいて非常に多くの利子を取っていました。経済生活が精神生活からはっきり分離していたのです。

同様の現象が最近、強く現われています。さまざまな闇行為、闇で食料品を調達する経済行為が、配給制度とばらばらになっています。試験管のなかで、組になっていない物質が分離するのに類似した現象がそこには見られます。

これらのことがらは、すべて個々に研究されねばなりません。現代の生活状況の複雑さをとおして、国際社会においても国内においても、このようにばらばらになっていくので、社会有機体の三分節への働きかけがますます必要になります。

ハートレー・ウィザース[*3]の発言は根拠のあるものです。状況は近年、非常に複雑になっています。根本原則を見出すことができれば、その原則が実際生活の複雑な状況のなかで、本当に実際的な道しるべになるでしょう。そのとき、今日の社会問題に寄与することが可能になります。そうすると、スローガンや政党の見解という恐ろしい形で大衆を掴み、人々をとおして実現しているものを克服することが可能になります。社会問題を政党の思惑から取り上げて、現実の実際的・理性的な土台の上で把握するにいたらないうちは、私たちは先に進めません。

＊2　Arbeiter-Bildungsschule　ドイツの社会主義者ヴィルヘルム・リープクネヒト（一八二六～一九〇〇年）がベルリンに創設した学校。

＊3　Hartley Withers　イギリスの経済学者（一八六七～一九五〇年）。著書に『英国におけ

る貨幣と信用――金銭の意味』。

第2問答

——多くの工場が、部分的にしか利用されない同種の機械に資本を投下しています。アソシエーションに導かれた経済においては、この資本の浪費は取り除かれますか。

シュタイナー いまおっしゃったことが、まさにアソシエーションの必要性を確証します。製造者が連合せずに、個人的に働くと、「機械が部分的にしか利用されない」という事態になります。当該者たちが本当に連合すると、全部を利用できます。

——東欧では当時の状況下で、どのようなことができたでしょうか。帝政に比べて、状況は有望なものになっていないでしょうか。

シュタイナー 今日、東欧で起こったのは恐ろしいことだ、という意見が方々で聞かれます。未来を約束するものを東欧に見る人々もいます。東欧の状況を多かれ少なかれ正当に判断する者たちは、東欧で起こったことを恐ろしいものだと述べます。東欧の状態が述べられると、人々は身の毛がよだちます。これは明らかです。東欧で起こったことを信奉する人は、恐ろしい状況を言い繕って、否認しようとします。

しかし、それでは先に進めません。個々の兆候からは、東欧の事態は判断されません。もっと多くのジャーナリストが東欧に旅して、気づいたことを書くでしょう。それらの叙述から判断を形成してはなりません。決して小さなものではない東欧の恐ろしい事態について、現在の支配者に招待された記者が書いたものは、だれにも判断できないからです。戦争の影響と、現在の状況から発展することが入り乱れて進みます。現地で取材してきたものは、学芸欄の記事には向いています。しかし、それは状況の判断の拠り所にはなりません。人間社会の未来を導入しようとして東欧でなされたことの意図に取り組まねばなりません。

さて、なにか別のことを行なえたか、あるいは、現在の状況は以前の状況よりも有望と思うか、と質問されました。

以前の帝政がいかに有望でなかったか、私はよく知っています。多くの人々が帝政を気に入っていたのは、それらの人々が本当の判断のための基盤を持っておらず、持つ意志もなかったからです。帝政が犯したこと、特に最近犯したことに注目する人は、場合によっては、「当時と今日と、どちらがよかったのか」という問いにいたります。しかし、それが問題ではありません。大事なのは、「今日の状況は、本質的に昔の状態を本当に良くしたのか」ということです。そこで、革命の意図を考察して、捉われのない判断をしなくてはなりません。

たとえばレーニンの企てを取り上げると、そのような捉われのない判断ができます。レーニンの『国家と革命』*1を読んでみてください。そこには戦前からのレーニンの企てが見出されます。「レーニンがマルクス主義者の半分、あるいは四分の一か四分の三を非難し、自分が唯一の本当に一貫したマルクス主義者だと言うのは、ある意味で正当だ」と言うことができます。「人間は未来には、社会制度のなかで自らの能力と要求にしたがって生きることができる」と、彼は言います。これが不正な現状から生じるべき状態だというのです。

さて、レーニンは非常に興味深い見解を持っていました。彼は「今日の人間には、自らの能力と要求にしたがって社会制度のなかに生きることはできない。別の人間、まったく別の人種が存在するときに、それは初めて可能になる。まったく別の人種が、まず造られなくてはならない」と言うのです。

非常に非現実的であり、まったく望めないものを当てにしているのです。レーニンが引き起こす状態をとおしては、正しい社会状態をもたらす新しい人種は「飼育」されないからです。このように脆い土台に、彼の企ては立っているのです。人々は個々の点で驚愕したり、必要と思ったり、誉めたり非難したりしますが、それは問題ではありません。「これは非現実的な思考内容を当てにしているものだ」と洞察することが大事です。ですから、そのようにして実現されるのは、過去の略奪農法と同じものにほかなりません。

数か月前、バーゼルで、いま皆さんに話していることがらについて話しました。ある紳士が立ちあがって、「あなたのおっしゃることは素晴らしいし、実現されれば素晴らしいでしょう。しかし、それはレーニンが世界支配者になるまでは実現されません」と言いました。私は、「なにかが国有化されるべきなら、なによりも支配状況が国有化されることが大事です」と答えました。しかし、レーニンを信奉するこの社会主義者は、レーニンを世界支配者、経済的な皇帝・法王にしたいのです。そうすると、支配状況は国有化も民主化もされず、君主制・圧政・独裁政治になるでしょう。そのような主張をする人は、なによりも統治状態を国有化することから始めなければならない、ということを理解しません。

正確に見る者には、今日の東欧の構造が非常に奇妙なものであることが明らかになります。今日の東方の企てを信奉する人は、そうすることで何かが達成されると信じています。東方で意図されていることの本質は、帝政への反対ではなく、別の階級のための帝政創出なのです。かつての帝政よりも酷《ひど》い帝政が続けられます。急進的政党の極左は、自分たちが進歩的な人間ではなく、かつての反動主義者以上の酷い反動主義者であることを、もはやまったく抑制していません。

ある階級の独裁が要求されると、この階級からは専制しか出てきません。他の者たちをごまかしているのです。支配者が入れ替わるだけであり、状況は以前よりも本質的に悪化するでしょう。

あらかじめ心に抱いた理論ではなく、現実から思考するという原則を重視することが大切です。現実から健全に思考する人々は、個々の現象から非常に健全に判断します。金権政治は、現実の社会状態を混乱させます。金権政治の結果、金銭が勢力・圧政を引き起こし、昔の征服者の権力の代わりに、金銭権力が現われることになります。

ヨーロッパでは、このようなことがまだ見抜かれていません。アメリカには、こんな諺があります。「単なる資本経済で金持ちになると、三代あとに再び上着なしで駆けずりまわることになる」。資本経済の架空性・虚構性が、はっきりと語られています。金銭が人間を支配するので、億万長者になっても三代あとには子孫は上着なしで駆けずりまわることになります。

さて、レーニンの企てに従って働く人々にとっては、人間の生活条件から新しい原則を見出すことが重要なのではありません。彼らが資本主義について学んだことがらを、自分の意図に従って採用した大資本家に任せることが彼らには大事なのです。資本主義的支配において作用したものは、諜報経済・保護経済その他によって、さらに作用していくでしょう。

かつて「王座と祭壇」と言われていたものが、東欧では「商業センターと機械」と言われています。しかし、どちらも同じ大きな迷信です。別の階級の人々をとおして、古い概念によって新しい状況を引き起こすことが重要なのではありません。本当に新しい原則、本当に新しい洞察が大事なのです。

もう一度、アメリカを取り上げましょう。共和党と民主党があります。この二つの政党を研究して、歴史について何も知らないと、なぜこのような政党名なのか分かりません。共和党は共和的でなく、民主党は民主的でないからです。この二つの政党は徒党の代表であり、徒党の利益を代表しています。この二つの政党の名称は、かつての名残りとして残っていますが、その名称はとっくに意味を失っています。現実はまったく別です。今日、いずれかの政党の決まり文句によって人々を幻惑させることではなく、実際的に現実を洞察することが大事です。

東欧の現実を洞察する人は、つぎのように思います。私は、あることを物語りたく思います。時代の兆候に沈黙しないことが大事です。

一九一八年、私がスイスからベルリンに行ったとき、ある出来事に深く関わっている男と話をしました。「中欧と東欧で社会有機体三分節のアイデアが理解されねばならない」という私の考えを、彼は以前から知っていました。私は当時そのアイデアを作り上げ、当時の時代状況に従って、そのために活動できる人々に提示しました。そのことも、彼は知っていました。精神的な方法で悲惨から抜け出るのが大事だということを、彼は納得していました。私は一九一八年一月にベルリンに行きました。その男は軍人でした。上級の軍人でした。精神的行為の代わりに、恐ろしい一九一八年春の攻撃を始めるという、ありえない方針について私はもう一度語りました。彼は「あなたは何をお望みなのですか。キュールマン[*2]は〈三分節〉を鞄に入れているではないですか」と言いました。

みなさんには空想的な話に思われるかもしれません。しかし、この「空想」は現実に深く根ざしています。正しく伝えられたら、三分節のアイデアを最初に理解する要素がロシア民族のなかに存在することを、私は知っています。ブレストーリトフスク[*3]の無茶な行動の代わりに、三分節のアイデアの伝達がなされていなければならなかったのです。そうすれば、中欧と東欧のあいだで交流がなされていたでしょう。それは正気に戻る精神的行為であったことでしょう。

しかし、何がレーニン主義をロシアにもたらしたのでしょう。レーニンが鉛で封印された車両でドイツを通ってロシアに送られたことを思い出します。レーニン主義は輸入されたのです。「ドイツ軍国主義」について語ろうとするなら、レーニン主義が輸入品であったことについて語らねばなりません。

精神的行為は事実とは別様に作用する、と思われるかもしれません。精神的な行為はなされず、ロシア民族が果たすべきものの代わりに、抽象的・一般的・マルクス主義的な常套句が語られました。そのような空語によって社会状態が実現されるなら、民族についての知識なしに、ロシアと同様にブラジル、アルゼンチンでも、月でも、その社会状態が通用することになるでしょう。

すべてがどこでも通用するという迷信は、東欧の大きな不幸です。東欧では、ある理念による圧政が築くものが、恐ろしい結果を引き起こすでしょう。その圧政は過去のものを乱用するからです。その圧政がもっと悪いものと交替するなら、そこで生産的なのは過去の残余・残滓だけです。その圧政みずからが生産的になろうとしたら、無になるでしょう。

このようなことが今日では捉われなく判断されないのは、社会的怠慢です。今日、事態は非常に深刻だからです。このように重要なことを、なんらかの政党の意見から判断することはできません。現実全体から判断しなければなりません。

「ロシア社会そのものの基盤から何が形成されねばならないか」と問わなくてはなりません。「まず人種を作らなくてはならない」というような、抽象的なレーニン主義ではありません。レーニンの仕事はロシア人のためのものではなく、彼がありえない方法で飼育しようとする人間のためのものなのです。これが真相です。

私の言っていることは、なんらかの共感や反感に基づいてはいません。洞察への努力に基づいています。これらのことを、今日、まじめに考察しなければなりません。

＊1　Gosudarstvo i revolyutsiya　ウラジミル・イリイチ・レーニン（一八七〇～一九二四年）が一九一七年八～九月にフィンランドで書いた論文。一九一八年に出版された。邦訳、岩波文庫、国民文庫、ちくま学芸文庫ほか。

＊2　Richard von Kühlmann　ドイツの政治家（一八七三～一九四八年）。

＊3　Brest-Litowsk　一九一八年三月にロシア革命政権が対独単独講和条約を結んだ地。もとポーランド領、現在はベラルーシ南西部。

――ゲーテの『ファウスト』でメフィストフェレスが金銭のペテンをする場面は、きょうの話とどう関係しますか。

シュタイナー　おもしろい質問です。『ファウスト』第二部で悪魔メフィストフェレスが紙幣を発明するシーンに注目してみましょう。メフィストフェレスは皇帝の前で、金銭のペテンを行ないます。今日、社会的真実と言わねばならないものが、みごとにイメージ的に描き出されています。貨幣経済を本物の現実からはずすことが、「絶えず否定する精神」[*4]の創造物として壮大に描かれています。メフィストフェレスは肯定的なものを何も創造しません。

ゲーテは当時、現実のなかでは実行できなかったものを、詩で表現しました。「絶えず否定する精神」によって貨幣が創造される場面でゲーテが何を言おうとしているのか、ワイマールのカール・アウグスト大公はよく洞察できませんでした。それでも、ゲーテは自分の意見を述べようとしました。『ヴィルヘルム・マイスターの遍歴時代』のなかにも、この理念が含まれています。ゲーテは意見を述べようとしました。彼は当時、そのような述べ方以外にはできませんでした。このシーンには社会的な衝動、社会的衝動の洞察が豊かに存在しています。

＊4　Geist, der stets verneint.　メフィストフェレスのこと。

――賃金は、商品の純益からでないとしたら、どこから支払わるのですか。

シュタイナー　賃金について考えるのは、本当に興味深いことです。もっぱら経済生活が強力に催眠的に作用して、人類が大きな思い違いに耽りはじめた時代に、社会主義の綱領が完全に変わりました。

「アイゼナハ綱領[*5]」「ゴータ綱領[*6]」「エルフルト綱領[*7]」の三つを読むのは、現代の労働運動の研究にとって非常に興味深いことです。一八九一年に纏められたエルフルト綱領までを取り上げると、「法律・国家・政治的な見解から研究がなされるべきだ、という意識がまだ存在している」ということが、いたるところに見出されます。ですから、古い綱領には二つの主要な要求として、賃金の廃止と、平等な政治的権利の樹立が謳われています。エルフルト綱領は単なる経済綱領なのですが、政治化された経済綱領です。そこでは、「生産手段を共同管理して共有財産にし、生産物は共同体を通す」という要求が出されています。この綱領は純粋に経済的ですが、政治的に考えられています。

人々は今日の社会体制にどっぷりと浸っており、賃金というものが社会的な虚偽であるということに、まったく気づいていません。いわゆる賃金労働者は企業の長とともに働きます。そして、純益の分配について議論がなされるのですが、さまざまな思い違いや権力によって、そのことが覆い隠されています。逆説的に語るなら、「賃金は存在しない。純益の分配がなされているのだ」と言うことができます。

今日、原則的に、経済的弱者が分配に関して一杯食わされています。社会的な誤謬に基づくものを現実に移さないことが大事です。私が『社会問題の核心[*8]』で示したような社会構造になると、雇い主と従業員が共同作業を行ないます。経営者と被雇用者という概念がなくなり、分配関係が成立します。そのとき、賃金という概念は意味を失います。

労働そのものに金銭が支払われると考えてはなりません。労働は法律の下に置かれます。労働は自然力のように、経済秩序の基盤になり、生産されるものは報酬の尺度ではなくなります。

そうして経済の領域では、もっぱら業績の査定がなされます。経済の基礎・原細胞を知ることが大事です。「アソシエーションのいきいきとした活動をとおして、各人が自分の生産したものと同価値のものとして、同じ品物をふたたび製造するまでのあいだ生活していける金銭を得る」ということです。簡単に言うと、「私は長靴を一足作る。この長靴の価値は、私がまた長靴一足を仕上げるまでに必要とするものを得られるものでなくてはならない」ということです。

労働の賃金を決定することは、まったく問題ではないのです。それぞれの価格を決定することが大事なのです。障害者や病人の扶助、子どもの教育などを、もちろん計算に入れねばなりません。労働はもっぱら法律の領域にあります。労働は、自分が他人のために働くという形以外では規定できません。労働はもっぱら法律という土台の上で規定されねばなりません。人間は他人のために働きます。労働は経済的な市場という土台に立ってはなりません。

＊5　Das Eisenacher Programm　一八六九年、アイゼナハでの全ドイツ社会民主主義労働者大会で採択された綱領。ベーベル、リープクネヒト、ブラッケの草案。

＊6　Das Gothaer Programm　一八七五年、ゴータでの全ドイツ労働者協会＝ラサール派と社会民主労働者党＝アイゼナハ派との合同大会で採択された綱領。

＊7　Das Erfurter Programm　一八九一年、エルフルトでのドイツ社会民主党大会で採択された綱領。カウツキー、ベルンシュタインの草案。

＊8　Die Kernpunkte der sozialen Frage　一九一九年チューリヒにおける連続講演『社会問題』（抄訳「楽しく働ける社会」『職業のカルマと未来』風濤社所収）を基に同年書き下ろされた著作（邦訳、人智学出版社、イザラ書房）。

第3問答

——独立した土台の上で決められた法律によって、どのように経済が規制できるのですか。

シュタイナー　ここで考えている三分節社会は、プラトンの『国家』[*1]に描かれたような、社会有機体内の人間を「食糧生産階級・軍人・教師」の三つの身分に分けるものとは異なっている、ということを考慮する必要があります。「精神有機体・法律−国家有機体・経済有機体への三分節化は、プラトンの原則を蒸し返しただけのものだ。教師が精神有機体、軍人が国家−法律有機体、食糧生産階級が経済有機体だ」と、人々はよく誤解しました。そうではありません。その反対なのです。

社会有機体三分節においては、相応の部門の管理を分離することが大事です。人間を身分に分けるのではありません。組織の管理を三つの部分に分けるのです。そして、その三部分は人間をとおして共同しなければなりません。人間は三領域すべてのなかに生きます。階級の区分、身分の区別などがあるのは人間にふさわしくないという意識が、しだいに人類のなかに発生しました。実際には、これらの区別は社会有機体を分節するときに克服されます。

たとえば、つぎのようなことを思い浮かべねばなりません。本当に自由な精神生活を観照した人は、本当に自由な精神生活は今日の精神生活のように抽象的なものではない、と見抜くことができるでしょう。みなさんは、さまざまな哲学的世界観・宗教的世界観などをご存じでしょう。それらの世界観がいかに抽象的で生活から遊離しているか、考えてみてください。今日、人間はビジネスマン・政治家・産業人・営農家として道徳的・美学的・学問的・宗教的な世界観を持つことができます。そのかたわら、自分の職務や経済活動の管理などを行ないます。双方が並行しています。どちらかが他方に入り込みはしません。

それは、私たちが今日なお精神生活の領域で、今日とはまったく異なった社会状況から生まれた古代ギリシアの精神生活を継続しているからです。このことを、人々の大部分は知りません。しかし、私たちは実際、社会的志向のなかでギリシアの精神生活を継続しています。完全に人間にふさわしいのは、働かずに、政治だけを気遣い、せいぜい農業などを監督することだ、ということにギリシアの精神生活は基づいています。労働する者は、考慮すべき人間には属していませんでした。ギリシア人は、そのように人間に向き合っていました。精神生活全体が、そのようになっていました。ギリシアの精神生活は、多数の人々の「下部教養」の上に築かれた「上部教養」です。多数の人々はその精神生活に関与できず、ギリシアの精神生活を共にしていませんでした。

精神生活についてのこの見解が、私たちの感情のなかに残っています。指導層の人々は、しばしば非常に抽象的に、人間の同胞愛・隣人愛などを取り扱います。例をあげましょう。一九世紀中葉に、人々は自分の宗教的・倫理的世界観から、隣人愛・同胞愛について考えました。イギリスにおける鉱山労働の害について統計を取りました。そうして、九歳・一一歳・一三歳の子どもたちが日の出前に炭坑のなかに入り、日没後に出てきていることが明らかになりました。かわいそうな子どもたちは、一日中、日光を見ていないのです。一週間ずっと日光を見ず、日曜だけ見たのです。このようにして掘り出された石炭で部屋を暖め、知識階級は同胞愛・隣人愛について世事に疎い世界観を議論し、倫理的な見解を述べました。身分の違いなく同胞すべてを愛するのが倫理的な人間だ、と述べました。

このような精神生活は、世間知らずの精神生活です。このような特徴が、根本的に私たちの精神生活全体に浸透しています。このような精神生活が私たちの内面でいとなまれていません。それは現実生活のなかに達する衝撃力を持っていません。商人の美学的・宗教的教養と、彼が出納簿に記入するものとのあいだには大きな溝があります。

抽象的な精神生活と、外的な具体的現実とのあいだに大きな溝があります。人々は今日、当然のものとしてこの溝に慣れています。親切・善良・隣人愛などを論じる哲学者・道徳家がいます。しかし、そのような哲学書を手に取って、例えば「どのように銀行を作るべきか」と問うと、どのように銀行を作るべきかは書いてありません。本当に解放された精神生活において人間は自分の足で立ち、生活実践と精神作業・精神生活とがふたたび結びつきます。

精神生活を精神的土台の上に築こうとするとき、物質的生活を精神生活から疎遠なもののように取り扱うことはできません。直接現実に介入できるように精神を扱うのです。今日、具体的にそう語ると、人々は驚きます。

例えば、ある産業人が私に、「たとえば、実際的な職業に就いている実務家・専門家が、適性があれば――彼が適性を持っていると精神管理局が考えれば――三五歳・四〇歳でも、どのような学問領域かに関わりなく、何年か学校で教えるよう招聘される。それをあなたはお望みなんですね」と言いました。そのようにすると、その人は実践から離れてしまいます。精神生活と経済とは分離されます。しかし、経済人は分離された精神生活において身に付けたものを役立てることができます。絶えず行き来するのです。

「しかし、人間は能力に従ってポストに就かなくてはなりません。私の工場にいる男は、彼が一人で実験できる化学実験室を作るよう、いつも私たちに要求します。人間はいろいろなんですよ」と、その人は言いました。人間は近代の状況をとおしてそのように教育されたので、さまざまな性質になっています。実際生活において自分の工員を適所に配置できない人は、本当の精神生活はできません。精神を実際生活のいたるところに運び込めると、自分の工員を精神生活のなかにもたらすこともできます。

人間が分離したものが三分節になり、それらは人間によって新たに結びつけられます。民主主義の国家のなかで法律が生まれると、経済のなかで活動している人々は経済のいとなみのなかに法律を運び込み、法律に合った制度を作るでしょう。抽象的な方策等ではなく、生きた人間をとおして法律はもたらされます。「社会的な組織を、人間という基盤の上に据える」ことが大事です。

知識が生活を実り豊かにできるということが、個々の領域で明らかになります。今日、多数の大学があります。教育学も教えられています。哲学者が副次的に、よく理解していない教育学を教えています。健全な社会有機体では、実際的に授業を行なえる適任の学校教師が二〜三年教育学を教えます。その後、その教師は自分の専門分野に戻ります。全生涯を、そのようにします。人間によって分離されたものが三つに分節されることによって、他の領域で独立して躍動するものを、人間はおのおのの領域のなかに運び込むことができるのです。

＊1　Politeia　プラトン（ＢＣ四二七～三四七年）がＢＣ三七五年に発表した作品。国家論だけでなく、認識論・存在論も論じられている。邦訳、岩波文庫ほか。

――誰が商法の要件を裁くのですか。専門知識の欠けた、エキスパートでない文化人の助言ではないでしょう。

シュタイナー　いま私が述べたことで、この質問については、すでに多くが答えられています。私たちの精神生活の構造をとおして、立派な試補、立派な商人などであるために、すでに教育がなされています。

三分節社会有機体では、自立した精神生活によって、そのようには教育されません。精神生活特有の条件をとおして、人間は実際に生活実践にいたります。人間はこの生活実践を形成することもできます。人間はあらゆる領域で専門的な判断をする必要はありません。それはありえないことであり、それを計算に入れてはなりません。適切な人間が商業裁判所にいるよう、精神的管理局が取り計らいます。精神的管理局のなかに、商法を理解している人々がいるからです。知識は今日のように専門領域に集中されず、精神組織コーポレーションの人々をとおして、裁判を適切に行なうことが可能になります。なんらかの経済的必要からではありません。

――人々の需要はさまざまです。ある人の必要物をどうやって確定できますか。その人が作ったものをどう正しく価値評価できますか。

シュタイナー　需要がさまざまなので、需要を研究して需要を知っている人々のいる組織を作らなければなりません。すべてを現実の土台の上に築かねばなりません。例をあげましょう。

「人智学《アントロポゾフィー》協会[*2]」という名の協会があります。その協会は精神科学と並んで、本当に実際的な用件にも取り組んでいます。その用件は、小規模ではあっても、ここで社会問題について私が論じている路線に沿っています。人智学《アントロポゾフィー》協会のなかに、パンを製造できる人がいました。人智学《アントロポゾフィー》協会員がパンの消費者になったので、パン製造者と消費者とのあいだにアソシエーションを作ることができました。つまり、彼は生産を消費者の需要に合わせることができました。

　そのように、需要を知り、需要に沿って生産できるのです。すべてが偶然に形成されるアナーキーな市場に任せるのではなく、需要を研究し、需要に沿った生産を指導するためのアソシエーションによって調整するのです。

需要の確定を、社会主義の思想家は統計によって行なおうと思っています。いきいきとしたいとなみは、統計によっては形成されません。もっぱら人間を直接観察することによって形成されます。経済有機体のなかで、人々は社会状態をとおして確かな職務にもたらされねばなりません。需要を認識して、生産を配分するのです。需要はさまざまなので、その需要がどのように満たされるべきかを認識することが大事です。今日の社会民主主義の綱領によっては、需要が支配されるのが確実です。なんらかの需要が満たされていないことは、実地の経験から明らかになるでしょう。これこれが正しい人間の需要だと言って、そのドグマから決定がなされてはなりません。しかし、一定数の需要のあるものの製造に人々が携わらねばならないなら、個々の需要に応じて生産することはできないでしょう。これは、自立した経済生活において明らかになります。需要を無視せず、労働者を害することなく需要を考慮することが大事です。

＊2　Anthroposophische Gesellschaft　シュタイナーが樹立した精神科学＝人智学の研究・普及のための運動体。スイスのドルナッハにあるゲーテアヌムを拠点としている。

——三分節の実際的な実現について、シュタイナー博士はどう考えていますか。連邦議会に働きかけることは可能ですか。あるいは、十分に思想が広まったのちに国民投票が行われるべきですか。あるいは、革命や市民戦争によって現在の秩序が転覆されるのを待たねばなりませんか。

シュタイナー　まず、いままでの方法に対して、ここでは新しい方法、すくなくとも比較的新しい方法が必要だ、ということを真面目に考えることが大事です。昔の議会のように、目的を達成しようと努めるのではありません。

人々が自覚せずに意識下で要求しているものを、現代生活の傾向から把握することが大事です。何が問題なのかを人々に理解させることができると、人々は何が生じるべきかを理解するでしょう。何が起こるべきかを理解している人々がいれば道はできる、と私は思います。私は『社会問題の核心』のなかで、三分節の意味を本当に理解し、それを欲すれば、どの生活時点からでも始めることができる、と述べました。

三分節を革命によって引き起こそうとは意図していません。三分節は歴史考察に基づいています。西洋で精神領域での変化が起こると――キリスト教を取り上げれば十分ですが――政治領域で変化が生じました。今日、人々は経済の革命を考えています。しかし、そのような革命はすべて、東欧の革命と同じ運命を体験します。ハンガリー革命のように破壊だけが行なわれて、建設が行なわれないのです。特に、一九一八年一一月九日のドイツ革命がそうです。ゲバルト的に転覆するのではなく、ノーマルに保持できる状態を引き起こすアイデアを持つことが大事だ、ということがはっきり示されます。

十分な数の人々がこのようなことを理解するにいたると、道が生じます。社会有機体三分節のアイデアは単に目的ではなく、道なのです。しかし、多くの人々が立っている土台の上に立たないことが大事です。例えば、私が三分節を論じたとき、人々は私の『社会問題の核心』も読んでいました。彼らはそこに書いてあることを、尤もだと思いました。ラディカルな左翼の人々は非常に好意的に、「この三分節は非常によい。だが、そのためには、まず革命が必要だ。プロレタリア独裁が先行しなくてはならない。それから、三分節にしよう。いまは血戦だ」と言いました。「同意したので、血戦だ」という結論を出されたのです。私はこのようなことを多々体験しました。これは、「理解するまえに何かを行なえる」という誤った思考に基づいています。

非常に特徴的なエピソードがあります。私は南ドイツでこれらのことを話したことがあります。ある共産主義者がやってきました。非常に感じのよい男でした。彼は上部意識では慎み深い人間でしたが、下部意識ではまったく控え目ではありませんでした。彼は次のようなことを聴衆に語りました。「私は靴直しです。私は靴直しなので、未来の社会では戸籍係になれないことを、よく知っています。戸籍係りになるには、そのための教育を受ける必要があります。しかし、さきほど詳細に社会秩序について自分のプランを話した人は、〝自分は未来の国家で大臣に任命されるだろう〟と感じています。戸籍係どころか、大臣に任命されると感じているのです」。

このような思考方法が支配していることを、私はみなさんにいくつも例を挙げて証明できます。まず、三分節の内容が広く本当に理解されることが大事です。そうすれば、道ができるでしょう。遅くなりすぎるまえに、理解が広まることを希望すべきです。今日の人間がほんの少し、必要なものを理解しようと励めば、道はできるでしょう。そうすれば、国民投票によって連邦議会に異議を申し立てるべきか、とは問われないでしょう。十分に多くの人々が理解すれば、それは実現するということが分かるでしょう。「本当に内的に理解され、本当に内的に明らかになると、それは実現する」というのが、民主主義に向けて努力する社会の秘密なのです。これが大事なことです。

――刑法の原則は遺物ではないですか。刑罰という考えは、教育による善導に対して正当性がありますか。

シュタイナー　実際、刑罰という考えは最も困難なものの一つであり、歴史の経過を考察すると、この問いに実にさまざまな答えが与えられています。社会有機体三分節のようなアイデアが発生する土壌で、他の所では生じない結論が出ます。社会秩序のなかで起こる個々のことがらは、根本的に社会秩序全体の結果です。私が手に入れるパンの値段は、社会秩序全体の結果です。そのように、刑罰の根拠も社会有機体の構造全体のなかにあります。

刑罰が必要になる状況においては、あるべきでないものが社会有機体のなかに存在している、ということが示されています。三分節社会有機体そのものを代弁するのではなく、三分節社会有機体のアイデアを生み出す実践的な世界観を発展させると、刑罰と執行に関して変化が生じるでしょう。そのようなことが社会的に実現すると、刑罰の必要性は少なくなるでしょう。本来、社会的弱者を圧迫する状況に伴なう影のごとき刑法は、社会において最小限にとどめることができるでしょう。

ですから、刑法が遺物かという問いは、このような変化が起こると、まったく新しい土台の上に立てられるようになります。人間は病気だと何かを行ない、健康だと別のことを行ないます。処罰する必要があるということが、社会有機体全体のなかに病的な症状があることを示唆します。社会有機体を健全化する努力をするなら、刑罰、刑法、刑の執行の概念はまったく別の土台の上に立てられることになります。刑法や刑の執行のような個々のことがらについても、社会の変化についての議論全体のなかで答えを探らねばならない、と私は言いたく思います。

――ある製造部門に要求される労働時間を決めるのは、各々の人間の判断力で可能ですか。

シュタイナー　そのような問題について、他の人々とともに判断・決定する能力は、個人の恣意のなかにあるものとはいくらか異なります。もし、あなたが私の『社会問題の核心』をお読みになれば、三分節社会有機体において労働の種類と労働時間の規制は公法の要件だ、ということがお分かりになるでしょう。

いま質問されたことは、民主主義的な法律に基づいて規定されるべきです。各人がそのような問題を、社会有機体の人々すべてとともに整頓することが大事です。他の人々とともに、そのような問題について取り決めることができます。

ですから、「ある製造部門に要求される労働時間を決めるのは、各々の人間の判断力で可能か」と問うのは正しくありません。それは個人の恣意ではないからです。この問題については、民主主義的な規制と民主主義的な法律に基づいて、過半数による公けの判断を得ることができます。

――国家について論じるまえに、まず人間の心魂を清浄にする必要があるのではないですか。

シュタイナー　社会有機体三分節のアイデアは実践的アイデアです。ですから、あらゆることがらを現実に即した観点から見ます。

今日、多くの人々が「社会問題がある。それは解決されねばならない。社会問題を解決する綱領について考える必要がある。今日、望ましくない社会状況があるが、私たちは社会問題を解決できるだろう。そうしたら、明日には望ましい社会状態が形成されるだろう」と、簡単に言います。そうではありません。

社会問題を理論によって解決することはできません。社会問題を解決する法則を与えることはできません。社会問題は残ります。いつも、社会問題があるのです。毎日、新たな社会問題が生じます。毎日新たに社会問題を解決する組織が必要です。

ですから、「まず人間の心魂を善良なものにすれば、社会的に望ましい状態が到来するだろう」と、きれいに整理することが大事なのではありません。社会問題を認め、例えば、独立した法律領域あるいは独立した精神領域を実現して、社会問題を絶えず解決できるようにすることが大事です。

私は『社会問題の核心』のなかで、人体と社会有機体が三分節という点に関して類似していると語ったことを、人々が無意味なアナロジーだと見なしていることに抗議しました。メレー[*3]やシェフレ[*4]のように、たんに人体と社会有機体のアナロジーを云々したかったのではありません。私が『心魂の謎』[*5]で述べたのは、本当の自然観察によって、人体においては三つの独立した部分が協同している、と見なすにいたるということです。そのように見なすと、思考と考察を社会有機体に実り豊かに用いることができます。単なる転用ではなく、社会有機体を自然有機体のように捉われなく考察するのです。

すべてを理想的な状態に保つ組織が社会有機体のなかにある、と人々は考察したがります。すべてが最良の方法でなされる、と考察したがります。それは可能か、とは問われません。決して害を発生させない組織を有する経済を、人々は築きたがります。人生においては生活が大事なのであり、抽象的なものが大事なのではないということを、人々は考えてみません。

人間・自然有機体のなかには、私たちが酸素を吸うという仕組みがあります。酸素は炭酸に変化します。酸素は人体のなかで、酸素を他の素材と結合させる器官をとおして役割を果たし、人体の機能が進行します。特別の器官がなくてはなりません。しかし、その器官だけが存在したら、人体のなかに害が発生するでしょう。害は発生せざるをえないのですが、発生と同時に防止しなければなりません。これが生きものの本質です。

「経済有機体がある。それ自身で機能するような経済有機体を、私たちは形成する。そうして、そのかたわらに法律有機体や精神有機体を必要とする」と言う人々は、「神か自然が、人間は一生に一度だけ食べたらいいようにしてくれていたらよかったのに。繰り返し消化して、繰り返し新たに食べなければならないというふうではない仕組みに人体がなっていたらよかったのに」と言う人々と同じです。

生きものにとっては、上昇と下降のプロセスが大事です。正しく組織された経済のいとなみは、その有能さゆえの害を発生させます。発生時状態において、害を消さねばなりません。これは経済有機体自身ではなく、並立する精神有機体と法律有機体をとおして可能です。経済有機体の害を発生と同時に消し去るために、精神有機体と法律有機体が存在しなくてはなりません。ものごとが活発な相互関係にあるのが、生命的なものの特徴です。

このような考察は厄介なものですが、現実を計算に入れたものです。私たちは経済有機体を解消・破壊するように改革しようとはしません。「あれこれの害は現代の生産物から発生した。だから、それを廃止して、別のものを生産しよう」と言うのは簡単です。単に何かを要求することではなく、現存しているものを研究することが大事です。

器官組織が一面的なプロセスだけを追求すると、その有機体の死にいたります。有機体の他の部分が対抗し、害の発生時状態において、他の有機体部分によって訂正が行なわれるのです。そのように、三つの部分がたがいに訂正を行ないます。これが現実に合った考えです。

今日、本当に社会問題に取り組もうとする人は、現実に沿った思考に慣れなくてはなりません。現実に関わらない、歪んだ戯画のような思考がはびこって、人間的な情動から綱領を作ると、私たちは非常に恐ろしい状態に向っていきます。現実に沿った思考は現実を創造します。ですから、まず現実に合った思考を獲得することが大事です。

＊3　C.H. Meray　生没年不明。著書に『世界の突然変異——戦争と平和に関する創造原則と新しい文明の誕生』。

＊4　Albert Schäffle　オーストリアの経済学者・社会学者（一八三一～一九〇三年）。著書に『社会組織の構造と営み』。

＊5　Vom Seelenrätseln　シュタイナーの一九一七年の著書。人智学と哲学・心理学・生理学の関連を述べている。

第4問答

――例えば神経系についての自然科学的認識が社会的か非社会的か、と言うことはできますか。

シュタイナー 人間の社会的共同生活において、あらゆる外的な事象は人間の考え方・感じ方・欲し方から発します。人間が考え、感じ、欲するものすべてが外的な出来事に由来すると考えるのは、現代人が虚弱だからです。人間を外的な出来事・制度の産物と見なしたいのは、現代人が虚弱だからです。外的な制度・組織すべては、人間が考え、感じ、欲したものに遡ります。ですから、健全な外的組織は健全な思考、不健全な外的組織は不健全な思考を示しています。多くのことについて不健全に考える時代は、外的生活について健全な意志衝動を発展させることができないにちがいありません。

普通の社会経済的な理解において、人間の労働というのは曖昧な概念です。マルクス主義では、労働力という概念は大きな役割を演じています。しかし、マルクス主義的理論においては、労働という概念がまったく誤った見方をされています。

労働・労働力は人間の社会的共同生活において、その成果、あるいは、その成果の機能をとおして社会的な意味を持っています。だれかがスポーツをして労力を使い果たすか、薪を割るかでは大きな違いがあります。薪を割るとき、その人の労働が社会生活のなかにどのように流れ込むかが重要です。労働力の消費自体が重要なのではありません。労働が社会有機体のなかにどう流れ込むかを考察せずに、労働力の消費そのものについて語るなら、労働を社会的機能と見なしていないのです。

「労働についての誤った概念は、どこに由来するのか」と問うことができます。運動神経について正しい概念を持っている人は、社会有機体における労働の機能についても正しい概念にいたるにちがいありません。

運動神経というものは存在しません。いわゆる運動神経は、意志の力を受け取る身体部分の性質を感受する神経です。これを洞察する人は、意志衝動がいかに強く労働のなかに表現され、いかに外界に現われ出るかを見出すでしょう。意志の概念、そして、意志と人体の関係をとおして、意志と労働との類縁性を洞察する基盤が得られます。そうすることによって、正しい社会的概念、正しい社会的表象にいたり、そのような理念を感受できるでしょう。

「人間がいかに社会的に思考するかは、多くの点で、その人が自然の概念を正しく発展できたか、間違って発展させたかによる」と言うことができます。人間のなかで運動神経が意志を引き起こすと考える人は、労働を刺激する意志と社会有機体における労働の機能とのあいだに本当の関連を見出すことができません。

――あなたが述べておられることは、どのように実践に導かれるのですか。

シュタイナー　人間の外的な社会生活のなかで生じることすべては人間に由来するという土台に立つ者は、「十分な数の人々がなにかを受容すると、外的に実践する道が生じる」ということを疑いません。内的な体験がどのように外的な実践に関係するかを洞察することが大事です。

人間が精神科学を受け入れ、精神科学が意味するものを内的にいきいきと理解するなら、興味津々たる世界についての知識が得られる、と思われるかもしれません。そうではありません。私が今日説いている精神科学を人間が本当に内的に把握すると、それは今日の自然科学や社会経済学のように単に抽象的なもの、単なる理念ではなく、内的な力、内的に力を生み出すものになります。私が今日説いている教育学は内的な力で教師を貫き、その教師は教育規範ではなく、自分と生徒とのあいだに生じる計測不可能なものに従います。私が今日述べている精神科学をとおして、人間は指先にいたるまで器用になります。ただ、このようなことを理解しようとするなら、細かく理解しなければなりません。そのように、社会的共同生活を送っている十分な数の人々がこの衝動を受け入れれば、この衝動がそれらの人々をとおして実践的なものになります。

例をあげて示しましょう。人間の筆跡です。二種類の筆跡があります。一つは通常の筆跡です。ほとんどの人が自分の筆跡で書きます。自分の身体から必然的に筆跡が現われています。別の筆跡の人、通常筆跡と言われるものとは根本的に異なった筆跡の人がいます。文字を描く人です。そのような人は書くときに、手に脈々と流れる力を眺めます。単に手に由来する筆跡があります。しかし、文字の形を追うことによって目で書かれる筆跡もあるのです。精神は単に身体各部に生きるのではなく、文字の構成のなかにも生きます。人間が精神的に体験することがらが実践的になるのです。

このように、精神科学すべてが体験されます。いきいきとした精神を把握する人は、これらのことも実践的に把握するでしょう。たしかに、その人は今日では荒野に暮らす隠者・説教者のようでしょう。しかし、隠者のように暮らしても今日の生活は改善されません。今日、本当の生活実践に取り組むと、ごく狭い範囲のことにしか熟練していない「専門家」のことを奇妙に感じます。外的な生活をマスターした本当に実際的な生活実践は、生命を包括する理念から成り立ちます。

私が述べていることを説明して、できるだけ多くの人々に理解してもらうことが、まず大事です。多くの人々の心と感覚のなかに受け入れられると、間違いなく実践的になります。いまはまだ十分に多くの人々に浸透していないので、実践されていないのです。社会的アイデアにとっては、孤独な個人がマスターすることだけが必要なのではありません。「協同」の意味を理解する者たちを見出すことが必要です。本当に実践的なアイデアは、アイデアそのものから実践が生じます。理念の実践、精神の実践ではなく、不信・懐疑のみが、私たちの生活が本当に実践的になるのを妨げるのです。

そのようなことが、いたるところで体験されるのではないでしょうか。実際的でない門外漢と言われた私は、一九一四年春に「私たちの社会生活は癌に苦しんでいる。これは近い将来、恐ろしい形で爆発するにちがいない」と言いました。その数か月後、世界大戦が勃発しました。

あらゆる「専門家」が私を笑いました。これらの「実際家」は別なふうに語りました。中欧の政治家たちは一九一四年春に、「私たちはペテルスブルクと友好的な隣人関係にある。この友好的な隣人関係が、近い将来、世界平和の確かな基盤を提供するだろう」と言いました。政治家・官僚は、中欧諸国と英国との関係について、同様のことを述べました。「一般的な政治的緊張は、よい前進をもたらす」と言いました。政治的緊張は、数週間後に一二〇〇万人の死者と、その三倍の傷痍者を出すという「喜ばしい前進」をもたらしました。

このように「専門家」は語り、「専門家」が理想主義者だと見なした者は先のように語りました。

私たちに必要なのは、私たちが実践において学びなおすことです。精神生活について本当に学びなおすと実践のための土台が作られる、と認識することです。

ですから、「このような論述はどのように実践されるのか」という問いに、「まず、人間の心魂のなかにその考えを運び込む。そうすると、その考えが実践を生み出すのを、人々はまもなく知るだろう」と答えなくてはなりません。

第5問答

——私が恐れるのは、社会有機体三分節によってドイツ観念論、特にカントのような永遠の形式主義が作られることです。カントは豊かな精神生活全体を、思考・感情・意志の三分節に押し込みました。

シュタイナー　まず個人的なことを話すのをお許しください。私はさまざまな本において——私が書いた本は多すぎるぐらい多いのですが——不正なもの、非難すべきものをカント主義に結びつけて述べました。これは今日でも流行らないことです。私は繰り返し、カントの思考方法の不健全さを示唆しなくてはなりませんでした。というのは、現実から形成される思考内容はカントの思想と正反対だからです。

「カントの思想は図式化されているから残っているのだ」と、言いたくなります。私が試みている、現実を見る方法においては、図式化されたものはまったくありません。そもそも人が語るなら、言葉を用いねばなりません。語るのは無用なことだと思うことはできますが、そうしている人は今日ではわずかでしょう。大事なのは、正しく理解されることです。私は何らかの哲学的テーマに注目して語ってはいません。私は生命全体に注目したく思っています。

この機会に、個人的なことに触れる必要があります。私は六〇歳になります。実際、多くのことをしてきました。運命によって、さまざまな生活領域に運び込まれました。今日の人間がさまざまな階級・地位・身分にあるのを知ることができました。図式的にではなく、生活全体を知ることができました。この生活全体から私が得た見解を語ったのですが、今日大変好まれている図式的思考に慣れている多くの人々の理解は得られず、多くの人々が分かりやすいとは思いませんでした。これらのことがらを正しく知るには生活本能が必要です。

私は極右から極左ならびに中立の党派の男たちと知り合いましたが、自分が政党に属したことは一度もありません。私はこの状態のおかげで――少なくとも自分自身の考えでは――捉われのない公平さを有しています。

私が述べている社会有機体三分節は、なんらかの図式に相応するものではありません。生命を取り扱うと、いたるところで生命が三分節化されて示されます。私の『心魂の謎』を読んでみてください。その本では、図式が大事ではありません。カントが精神生活をきれいに三部分に区分したように、私は図式的に人体を区分しようとしたのではありません。実際に、人体では三つの部分が互いに作用しています。現実からなにかを述べるときに、三つの部分の名が出るのは形式主義ではありません。主観的な視点から区分するのと、現実を描写するのとは異なります。「現実をそのまま受け取る。現実自身が語らないものを主張しない」という思考方法で私は行なっています。

例をあげたいと思います。私は南ドイツの小さな町で、クリスマスについて講演したことがあります。聴衆のなかにはカトリックの司祭が二人いました。彼らは私の講演の内容には文句のつけようがなかったので、講演のあと私のところに来て、「あなたが今日お話しになったことに、私たちはなにも反対しません。しかし、あなたは教養のある人々にしか語りかけていません。私たちはあらゆる人々に語っています」と、言いました。

私は、「あなた方があらゆる人間に語りかけている、と想像するのは主観的です。だれもが、そのように想像します。自分の語ることが一般に通用する、よく分かるものだと思わないなら、そもそも人に向って語るべきではないでしょう。しかし、この主観性が問題ではないのです。大事なのは、客観的事実を語り、その客観的事実の意味に沿って行動することです。私はあなた方に質問します。あなた方はあらゆる人々に語りかける、とおっしゃいます。それはあなた方の主観的な意見です。すべての人間があなた方の教会に行くのですか。これが、あなた方があらゆる人々に語っているかどうかの証拠でしょう」と、言いました。

彼らは、「はい、そうでしょうねえ」としか言えませんでした。私は主観的な意見ではなく、事実を語ったからです。「これが事実です。あなた方の教会に行かない人々に私は語っています。彼らもキリストについて聞く権利を持っているからです」と、私は言いました。

このように、事実に語らせるのです。図式化せず、主観的なものに向かわず、現実の時代衝動を説明しようと試みるのです。本当の時代衝動から語るのです。

――いま現にある国家において社会有機体三分節が遂行される、とあなたは考えているのですか。どうやって、いまの国家内で実行するのですか。つまり、新しい秩序においても、今日の国家が政治的な境・枠になるのですか。

シュタイナー　すべてを粉々にしようとせず、現実の進歩を考えて活動するときにのみ、実りあるものが形成可能です。社会有機体三分節のアイデアが、精神科学的な基盤から人生を築くことを目指しているということに、みなさんはお気づきでしょう。この精神科学は声望ある思想家たちに欠けているもの、つまり本当の経済学も生み出します。今日、経済学と言われているものは、個々の観察を寄せ集めたがらくたでしかありません。本当に社会的な意志のための衝動にはなれないものです。本当の経済学は、精神科学的な基盤からのみ生じることができます。

社会的オーガニゼーションの境界を越えることに関して、多くのことが明らかになりました。たとえば、経済領域が自らのなかに限定されるべきかどうか、その原則が経済生活からおのずと明らかになります。

つぎのような未来が見えます。本当の経済学は、「アソシエーションが大きくなりすぎたら、もはや経済的機能を果たせない」ということを明らかにします。経済テリトリーの内的条件、多様な産物、多様な部門、多様な領域をとおして、このテリトリーの大きさも決まります。その大きさの原則を語るなら、「小さな経済領域は、連合した人々を栄えさせず、連合した人々を飢えさせるので有害だ。反対に、大きすぎる経済テリトリーは、テリトリーの外にいる人々を飢えさせるので有害だ」と言わねばなりません。ミクロ経済の視点にとっても、マクロ経済の視点にとっても、内的な原則から経済テリトリーの大きさが決まっていきます。

社会有機体が本当に三分節されていれば、精神の境界、経済の境界、法律の境界が重なることは禁じられていません。恐ろしい世界大戦へと爆発した現代の災いの大部分は、統一国家の下でいたるところで経済・政治・精神文化の境界が重なったことに因ります。内的法則性、いきいきとした生命そのものからテリトリーの大きさは明らかになる、ということが大事です。

しかし、進歩を計算に入れねばなりません。ですから、まず所与のものから始めねばなりません。「現存の団体・組織が社会有機体三分節の衝動を目指して活動しなければならない、ということが明らかになるだろう」と言うことができます。団体と組織が三分節を健全な方法で内に有すれば、そこに生じる生命の法則から、新たなものが現われてきます。

これらのことは理論的にではなく、生活に沿って答えを出すべきものです。「あす起こることが、あさって起こることの基盤になる」と言われます。なんらかの綱領を発明するのではなく、生活を示すことが大事です。綱領は恐ろしく安っぽいものです。

——農業の生産手段の扱い方は、工業的生産手段と本質的に区別されますか。

シュタイナー　農業の生産手段の取り扱い、特に土地の扱いは、特に今日、農地改革によって争いが引き起こされました。その他の生産手段は工業的生産手段です。最初の農地改革者ヘンリー・ジョージ[*1]の『進歩と貧困』を読めば、何を考慮すべきか、容易に分かります。彼は「シングル・タックス」によって、土地の値上がりから引き起こされる社会的不公正を調整・除去しようと努力しました。場合によっては、所有地でなにも仕事をしない人が儲けることがあるので、まず農業の生産手段を少なくとも一定の限度内で共同で使用することが試みられました。

私は何年もまえ、ヘンリー・ジョージに基づいているダマシュケ*2と議論したことがあります。私は彼に、「農業の生産手段を工業的生産手段と混同してはならない。そこには大きな相違がある。社会全体にとって、双方の生産手段の作用に差異がある」と言いました。土地は一定の大きさを持っています。土地には弾性がありません。家が二軒並んで建っているとき、土地を引き伸ばしてその二軒のあいだに三つ目の家を建てることはできません。それに対して、工業的生産手段には弾性があり、増やすことができます。これは大きな違いです。

ですから、この両者は異なった扱い方をされなければなりません。特に工業的生産手段に合っている社会民主主義的理論を、そのまま土地という生産手段に用いてはなりません。大事なのは、「土地は、出来上がった生産手段のように経済の対象であるべきではない。精神的な視点から見ると、土地は権利の移譲の対象である」ということです。理論的にではなく、直接的な生活から両者の差異が明らかになります。

つぎのようなことを考えてみてください。工業的生産手段は消耗します。常に修繕し、取り替えなくてはなりません。農業的生産手段は、いくらか異なります。弾性がないだけではなく、わずかしか消耗しないのです。工業的生産手段とは別様に扱わなくてはなりません。

農業的生産手段と工業的生産手段は、本質的に異なっています。工業の収益の一部は、その工業を発展させるために用いなくてはなりません。工業の資本の一部が、その工業に食われます。これは、同じ方法で農業的生産手段には起こりません。

経済のいとなみの帳簿は、全体で二つの極を示します。一つは石炭生産などを示します。石炭生産から出発して、工業に変化する項目があります。別の極はパンに行きます。広い意味でパン——土地で作られる他の食糧も含めて——に関係する内訳をすべて書くと、土地がもたらすものをおおよそ網羅できます。

帳簿に記入されるものの多くが、今日、工業が地所の管理と混ざり合っているために隠されています。工業家が土地を担保にすると、すでに混乱が見られます。もっと別の多くのことによって混同がなされています。そうでなかったら——今日でも多くの人にはパラドックスに思えるでしょうが——世界経済において本当に土地が生産的であることが分かるでしょう。生産的というより、土地の収益で工業全体が維持されているのです。多くの人には奇妙に聞こえるでしょうが、そうなっているのです。工業は根本的に、農業で侵食性のある財と言われるもの、つまり自らの収益を消尽するものなのです。

今日、人々は経済全体を考察しません。経済全体が、さまざまな状況によって覆い隠されています。実際の生活においては、一方では農業的生産手段、他方では工業的生産手段の移譲に際して、基準となりうる視点が生じます。

工業においては、特に人間の個人的能力・素質が移譲に際して考慮されます。農業の委任に際しては、別のものが考慮されます。たとえば、人間と土地との親和性が考慮されます。土地を耕すのに一番能力のある人を、精神的素質に沿って抽象的な方法で選ぶことは不可能であり、土地と一体になれる素質を考慮しなければなりません。

三分節の意味が明らかになれば、農民たち皆が賛成するでしょう。ものごとを正しい方法で人々に伝えれば、人々は反対しないでしょう。国家が妨害的に介入しないかぎり、大地主ではなく農民が、本質的にこのように考え、行動します。

具体的なものから観点が生まれることが大事です。生活に対する感覚のある社会では綱領が作られません。生活が成り立つ社会の特徴を述べることが大事です。

ここで語っている社会の三分節の衝動は、さまざまな綱領とは異なります。それらの綱領は黒苺のように安っぽいものです。それらの社会綱領は「一、二、三…」というふうに並んでいます。すべてが図式化されています。そのような「全知」を、社会有機体三分節についてのアイデアは語りません。社会有機体を適切に形成するにいたるように、人々がおのずと協同できることを欲します。適切な社会秩序が発生できる状態に人間をもたらそうとします。これが三分節の衝動と、他の衝動との原則的な相違だということを把握すれば、三分節が現実から取り出されたものであることが分かるでしょう。

ですから、私はしばしば「こうあるべきか、そうあるべきかということは、まったく大事ではない」と言いました。それどころか、もっとラディカルに、「着手したものは、なにも残らないかもしれない。しかし、なにか安定したものが発生する。現実が正しく扱われているからだ」と言いたく思います。現実を取り扱うと、多分、綱領で述べたこととはまったく別のものが生じます。綱領を作るのではなく、いかに現実を取り扱わねばならないかを示すことが大事です。

質疑応答の前に、ある紳士が、三分節はいつも存在した、と言いました。彼が話したことを、私は非常によく理解しました。彼は私の話を、なにか別のものと混同しているのです。彼は「社会主義の三分節」について語っているのです。

私は「社会主義の三分節」について語ったことはありません。そのようなことは不可能に思えます。社会主義という世界観は単一的なものだからです。抽象的に思考すると、「生活はいつも三つに区分されてきた。なぜ、わざわざ生活の三分節・三区分について語らねばならないのか」と言いたくなります。

三分節が大切だから語っているのです。たしかに、生活はいつも三つに区分されてきました。生活を三つに区分することが大事ではないのです。生活はおのずと区分されるのです。三分節された生活をきちんと管理・整頓・指導するために正しいことを、人々は常に行なってはいないということが問題です。

生活が三つに分節されているのは自明のことです。生活が三つに分節されているので、「調和的な統一が現われるべきなら、そのために何をなすべきか」と人は問います。調和的な統一は、今までも現代も現われていません。ですから、新しい道を探すことが大事です。

自明のことで片付けようとするのは、非常に抽象的で世間知らずの思考方法です。自明のことを計算に入れ、この自明のものに沿って生活が形成される、という必然性を洞察することが大事です。生活においては、そのような自明のことを誤った航路に引き入れ、そこから生活の危機が生じることがしばしばあります。これを私は特に注意したいと思います。

「経済から精神生活と法律が発する」というのは単なる慣用句です。たしかに、三分節社会有機体が存在すれば、法律も現われます。しかし、法律が必要であることが人々に分かる形で現われるでしょう。人間が法律を整備しなくてはなりません。どう整備するか、その方法について考えねばなりません。

私は生涯にわたって、実際的な仕事を精神生活に結びつけるために苦労してきました。しかし、なんらかの政党の枠内で共同することを、私に期待してはなりません。多くの人々が「実際的な社会的労働」を理解しますが、その実際的な社会的労働はしばしば非常に理論的・非実際的な社会労働です。このようなことを本当の生活実践と混同してはなりません。

本当に状態が改善・回復されるべきなら、労働者が社会生活の精神的基盤に関わることが大事だ、と言われます。私はそれに完全に同意しています。労働者が精神的な問いに関われる手段を私は示したと思います。

すでに述べたように、私は労働者教養学校の教師をしていました。そこで私は労働者の心に学問的に語りかけるトーンを見出しました。ただ、指導者たちがやってきて、私を追い出しました。彼らは自分たちの言うことだけを聞いてほしい、自分たちの命じることだけを聞いてほしいのです。すでに言いましたが、私は「ここで学問の自由がないなら、どこにあるのです」と言いました。「私たちのところには、学問の自由はありません。大事なのは理性的な強制です」と、指導者の一人が答えました。

現代の労働者が本当に新しい社会形態の精神的基盤を理解できる手段を、私はたくさん挙げることができます。現代の指導者のほとんどは、まじめに社会の改造に目を向けておらず、まったく別のものに目を向けているのですが、彼らの言うことがまだ傾聴されています。カトリック信者が大司教のいうことを傾聴する以上に、彼らの話が傾聴されています。これらの指導者と関係を断つのが、よい方法です。これを肝に銘じるべきです。「民衆・大衆には健全な感覚がある。指導者たちがいなくなれば、すぐに健全な社会的洞察が可能になる」と、私は確信しています。

生活を形成できるアイデア、本当の理念的な衝動が明確になる必要があります。古い政党の決まり文句、政党の綱領を克服する必要があります。政党の綱領は健全な洞察を妨げ、その洞察に沿った健全な活動を妨害するからです。安寧・平安へと導くものを現実から探し出さねばなりません。単なる要求は何にもなりません。「資本の廃止」という単なる要求も、何にもなりません。いかに資本が作用するかを見なくてはなりません。「廃止」は簡単です。しかし、それだけでは崩壊へといたります。資本主義の害を越え出るには、別のものが必要です。具体的な領域で現実を見ることが必要であるように、今日の人間生活において現実を見ることも必要です。政党は綱領の抽象的な継続によってまだ命脈を保っているだけであり、その綱領はもはや生活と関連していません。社会生活を本当に新たに構築することが必要です。

これが今日、私が言いたかったことです。

＊1　Henry George　アメリカの経済学者（一八三九～一八九七年）。一八八〇年に『進歩と貧困』Progress and poverty　を発表した。

＊2　Adolf Damaschke　ドイツの農地改革の指導者（一八六五～一九三五年）。著書に『農地改革——社会的宥和への道』。

第6問答

――金利と不労所得にシュタイナー博士はどんな態度を取りますか。

シュタイナー　私の構想した人間社会の構造から利子が完全にはなくなっていないことで、私は幾度も非難されました。現実の土台に立って、可能なものと必要なものを本当に強調するほうが、なんらかの曖昧な土台、単なる要求の上に立つよりも誠実だ、と私には思われます。私は『社会問題の核心』のなかで、資本による労働は必要だ、と示すことを試みました。資本を集めずに大きな事業を興すことはできませんし、そもそも今日の意味で国民経済を成立させることができません。その資本が金銭の形をとるか他の形をとるかは、さまざまです。

たいていの人々が、社会問題に取り組むときに現代のみに注目し、現代について「どのように経済のいとなみが形成されているか」を考えるという誤りに頻繁に陥ります。しかし、経営するというのは、ある時点で経営されたものによって未来の土台を創造することです。未来の基盤を作らないと、経済のいとなみを継続・維持することができず、経済のいとなみが途切れるでしょう。

それは複利の根拠にはなりませんが、利子収入の根拠にはなります。未来の仕事に役立つ業績を生み出す労働がいつもなされる可能性がなくてはならないからです。当該者が未来のために行なうことは等価物を得る、と考えられます。それが利子です。利子収入を罵る人々に媚びようとするなら、別の名を付けることもできたでしょう。しかし、ものごとを現実にあるままに名付けるほうが誠実と思います。資本を集めて使うことに寄与する人々は、このような方法で仕事が未来に報われる必要があります。込み入った経過を単純に表現すれば、こうです。私が『社会問題の核心』で述べた形の利子は、現在行なわれた仕事が未来に報われることと同じです。

そのようなことがらにおいては、社会有機体のなかに含まれている必要な部分が考慮されます。人体においては、あらゆる部分が大事です。それらは、みな協同するからです。一つの部分は、その人の全体からのみ理解されます。社会有機体においても、個々のものは全体からのみ理解できます。

私が生産手段をどう理解するかについて述べたことを思い出してもらえば、生産手段は製品が出来上がらないあいだだけ値段があり、売りものであるということが分かるでしょう。完成すると、生産手段はもちろん、それを完成させる能力を持つ人のところにとどまります。しかし、それから法律によって変化を遂げ、もはや売れなくするのです。こうして、財産に対しても、一定の作用が現われます。金銭には利子が付くべきではない、という法律を作ることが大事なのではありません。社会有機体に相応する結果が生じることが大事なのです。

こうして金銭が、ほかの財に似た性格を得ます。ほかの財は今日、壊れる、消耗するという点で貨幣とは異なっています。長い年月のあいだには貨幣も崩れますが、短期間のうちには崩れません。ですから多くの人が、貨幣は長期間保たれる、と思っています。

それどころか、遺言を作って、どこかの町に資産を遺贈する人もいます。数百年後にはどれくらいの額になっているかを算出すると、大きな金額になって、非常に借金の多い国の債務を支払うことができる、と思うのです。しかし、そんなに長期間、貨幣が利息を得つづけることは不可能なので、これは冗談になってしまいます。

正規の利払いがなされるのはもっと短期間です。しかし、国民経済の経過のなかで生産手段にもう値がつかず、土地が売買の対象や経済的流通の対象ではなく法律の対象になれば、財産は一定の時間後に悪臭を放ちはじめます。ちょうど腐った食品が悪臭を放ち、使いものにならなくなるのと同じです。経済プロセスをとおして、不当に短い期間後ではなく、一定期間後に貨幣が価値を失なうということが明らかになります。三分節社会有機体の衝動が現実から考えられたことが分かります。法律を作ると、抽象的なものが生じます。

現実について考えると、みなさんは人間の深い意識に相応するように現実を形成しようとするでしょう。

このような有機体のなかには、不労所得というものは含まれません。ただ、このことについて明瞭な概念を持たねばなりません。不労所得とは何でしょう。「不労所得」という概念のなかには、不明瞭なものがたくさんあります。不明瞭な概念では改革は遂行できません。

経済的な価値を基礎づけるものは、生活のさまざまな要素から構成されています。第一に人間の能力から、第二に労働から、第三に状況から構成されます。経済の循環のなかにある何らかの財を「労働の結晶」と定義するのは、大きな誤謬です。

労働という概念を、今日なされているように、所得という概念と一緒にしないことが大事です。人間が所得を得るのは、たんに飲食や心身の必要を満たすためではなく、他者を思って働くためでもあります。経済プロセスは非常に複雑なので、簡単な概念で把握しようとすべきではありません。

——きのう、現代の国民経済の理解とは異なった見解を話されましたが、その根拠は何ですか。なぜ土地だけが生産的なのですか。その発言は、生産・生産性の概念を言い直したたけではないですか。

シュタイナー　私は、土地だけが生産的だという意見を述べたことはないと思います。「生産的」「非生産的」という概念は生産的ではありません。完成した概念を用いすぎないことが大切です。今日、人々はあまりにも言葉で語っています。なにかが生産的か非生産的かという定義をすることが重要ではありません。状況を全体との関連に沿って叙述することが大事です。

土地は国民経済プロセスにおいて、たとえば工業製品とはいかに異なっているかを、きのう話しました。そのように叙述すること、特徴を述べることが大事なのです。学問においてはあまりにも定義や概念規定に拠ると害が引き起こされる、ということを明らかにしてほしいものです。叙述において、概念規定は必要ではありません。

今日、あれこれについてこれこれの見解だ、と言う悪習が支配しています。その述語で何を理解しているのか、了解しなければなりません。おそらく、長い意志の疎通ののち、他人と同じことを言っていたことに気づくでしょう。本当の生産に導くもの、本当の消費に導くものについて語るなら、初歩的な要素から非常に複雑な要素まで、あらゆる要素に注目しなければなりません。

ここで――いくらか広い意味で――たとえば「動物の経済」と名付けることのできるものから上昇していくのは非常に困難です。動物も食べたり飲んだりします。ですから、動物も、飼われているのでないかぎり、一種の経済をいとなんでいます。しかし、動物はたいてい、あまり調理されていないものを食べています。ほとんどの動物は、そのまま食べます。生産的という表現を用いようとするなら、動物にとって自然は生産的です。人間が食べるものの多くも、土地に属しています。もし人間がもっぱら果物を食べるなら、それは動物の経済とあまり隔たりがありません。流通・所有地などの点で違いがあるだけです。動物の場合にも縄張りがあります。

人間が自然から手渡されたものをまず加工し、ついで交通による流通という経過を辿ることが大事です。自然において始まる概念が継続していき、非常な贅沢のための生産、もはや現実的な必要に相応しないものにいたります。つまり、正当な要求、理性的な要求に相応しないものです。

生産的なものにしろ非生産的なものにしろ、概念を限定すると、根本的に、まず曖昧なものに導かれます。もちろん、それが好みなら、そのような曖昧な概念で語ることができます。重農主義者が言うように、土地に手を加えることだけが生産的だ、と議論することができます。それに対して、「商業をしても生産的だ。それを見事に証明できる」と言うことができます。間違っているのは、「これは非生産的、あれは生産的」と定義することです。経済のいとなみの経過全体を本当に事実に即して概観できなくてはなりません。

私が話したことを一種の定義のように受け取らないよう、お願いします。私は経済のなかで現実に起こっていることを、事実に即して述べています。経済プロセスのなかに、土地は工業生産手段・機械などとは別様に置かれています。そのように、私は実際の違いを示唆したと思います。また、土地を基盤とするものは、たとえば商業とも別様に経済プロセスのなかに存在します。

人間は一面的な重商主義者にも一面的な重農主義者にもなる必要はありません。「生産的」「非生産的」というようなことを忘れたとき、重商主義や重農主義などの一面的見解が生まれるのを人々は洞察するにちがいありません。人間は一面的になるのではなく、全面的になるべきです。

——バーデンの塔のことです。国民的なものは、あらゆる精神的・文化的に重要なものに属します。あらゆる宗教が人種に適応しています。さまざまな国家・人種の芸術と学問への要求は異なっています。言語や、周囲のあらゆる外的なことがらは、一つの表現形態を強要します。本質的なものは国際的であり、形態は国民的芸術です。最も国際的なのは音楽です。汝自身を愛するように、汝の隣人を愛せよ、です。

シュタイナー　さて、この質問にはどうしたらいいのか、よく分かりません。私はバベルの塔の話は知っていますが、バーデンの塔は知りません。バーデンにも塔があるのか、知りません。

「国民的なものは、あらゆる精神的・文化的に重要なものに属する」。たしかに、そう言うことができます。

「あらゆる宗教が人種に適応している。さまざまな国家・人種の芸術と学問への要求は異なっている」。たしかに、そうです。

「言語や、周囲のあらゆる外的なことがらは、一つの表現形態を強要する。本質的なものは国際的であり……」。国際的なものの本質を探究しなくてはなりません。本当に本質的なものがあれば、反国際的なものがこんなにたくさん存在しないでしょう。これは考慮すべきことです。

「形態は国民的芸術である。最も国際的なのは音楽である」。ファンタジーは民族的に現われます。なんらかの芸術領域でニュアンスを帯びて現われます。しかし、理解力のある人は、音楽のなかにもニュアンスを見出すでしょう。国際的と思えるもののなかにも民族的なものがあるのを見出すでしょう。ある民族は他の民族より音楽的です。そして、個々の民族のみが生み出せたものも国際的に理解されます。

しかし大事なのは、なんらかの内容を人間自身のなかに見出すことです。どの人間のなかにも存在する精神性が国際的に作用できます。

さて、これで、きょうの質問は終わったと思います。夜も更けましたから、締めくくりの話を長々とするつもりはありません。しかし、もう一つ、手短かに話しておきたいことがあります。私の話は頭で考え出された綱領ではなく、生活そのものから社会的アイデアを得ようとする試みです。

実践的な力として生活から得られたアイデアは、私がみなさんに話した精神観からあらゆる領域に生まれ出るものを示します。今日、人々が述べる精神観の多くが、ここで言う精神観と混同されることを私は知っています。しかし、この精神観の現実的性格に言及するべきでしょう。

この恐ろしい破局の経過のなかで、人間の深みから表面へと上ろうとするものが、切迫した時代から洞察されるだろうと思われた時点が近づいたとき、私は責任ある人々の注意を、時代が本来要求するものに向けさせました。そして、公けに主張するまえに、困難な時代に、この三分節について多くの人に語りました。この精神から試みがなされれば、この恐ろしい殺戮を終わらせる作用をしていたにちがいありません。
「この衝動から何らかの綱領を作るのではなく、今後三〇年か二〇年か一五年か、あるいは一〇年で実現されるものを提供しようとするのです」と、私は当時言いました。私は多くの人に、「安穏としていたいなら、このようなことを否定できます。しかし、人生を真面目に考える人は、〝理性的になるか、革命と激変の悲しい時代に向かうかを選べる〟と思うべきです」と言いました。最近の革命やロシア革命が起こるずっと前に、私はそのように言いました。

居眠りをして暮らすのではなく、これからどうなるかについて考えることが大事です。人間は先見の明をもって行動するという点で、他の生物に勝《まさ》っているからです。本当にありうるものを感じる本能を持っていると、人間は先見の明をもって行動できます。一九一四年前半に文明世界で、人々はありうる事態を感じる本能を持っていたでしょうか。これまでのディスカッションで私はみなさんに、人々が将来について何と言ったか、例をあげました。大きな殺戮がやってきました。人々は事実から学ばなくてはなりません。

出来事から学ぶというのが、現代の人間の課題です。急展開するさまざまな大事件が、人間はそれらの出来事から学ぶべきだということを示しています。人間は出来事を、時代のしるしとして把握すべきです。そうしないと、多くのことに関して近年生じたようなことが生じます。人々は事件に遭遇して、「もっと早く分かっていれば、どうにかできたのに、今ではもう遅すぎる」と、言います。しかし、いつも遅すぎになるまで待っている必要はありません。

人々の心に向けて、社会有機体三分節のアイデアが提唱されます。ここで試みているように、スイスの雑誌『社会の未来』[*1]や私の『社会問題の核心』で試みられています。社会有機体三分節のアイデアが理解されて、遅くなりすぎるまえに、実際の行動へと移されるでしょう。そうすれば、生活の重要なことがらについて、あとになって「もう遅すぎる」と言わなくてすみます。ですから、私たちは気合いを入れて、ここで語られたことが単なる思想か現実のエキスかを究明しようとするのです。

これはかすかな試みだ、と私はいつも強調してきました。しかし、「このかすかな試みが十分に多数の人々に受け入れられたら、個人で行なうよりもずっと賢明だろう」と思います。この試みは受け入れられるにちがいありません。この試みは現実から発したものであり、現実によって確かめられたものなので、受け入れることができます。

＊1　Soziale Zukunft　社会有機体三分節スイス同盟発行の雑誌。

Ⅱ　経済セミナー

1922. 7. 31 - 8. 5

――『社会問題の核心』は確かに「論理的に自らの内で完結している」ように見えますが、「現実に沿っているかどうか」は『核心』のなかに見出されません。そこがポイントです。

シュタイナー　この点について、みなさんがもっとはっきりと意見を述べてくれるとよいでしょう。国民経済学そのものは非常に若い学問だ、ということを考えてみなくてはなりません。数百年にも満たないものです。国民経済の領域では、偉大なユートピア主義者たちにいたるまで、すべての発想が多かれ少なかれ本能的に生じたものだ、ということを考えねばなりません。とはいえ、これらの本能的な衝動は実行されたのです。

正確に理解するために、つぎのようなことを考えてください。今日、人々は「私たちが経済について思考できることは、本来は経済的な階級対立から発するが、労働方法などからも発する」と言います。私はマルクスやその信奉者が主張するように、極端なものに目を向けるつもりはありません。すべては経済的基盤から自動的な必然性をもって現われる、と語る経済学者もいます。

人々が具体的なことがらを話すとき、今日の経済活動を生み出すために行動に移される具体的な制度は中世的な思考の結果にほかなりません。しかし、ローマの「所有」の概念、つまり純粋に法的なカテゴリーが生み出した形態を考えてみてください。この概念によって経済に発生したものを考えてみてください。法的なものが、経済的なニュアンスを帯びたカテゴリーを形成したことが分かります。さて、重商主義者などが登場しました。彼らは創造的な人間ではなく、理論的な人間です。

たとえば、ユスティニアヌス法典[*1]を作った皇帝ユスティニアヌスの助言者たちは、後代の国民経済学者たちよりもずっと創造的な人間でした。彼らは単に今日の意味でのユスティニアヌス法典を作ったのではありません。ユスティニアヌス法典において決められたものを基盤として、さまざまな衝動が発展するのを私たちは見ます。

そうして近代にいたり、人間は国民経済について、創造的ではなく単に考察的に思考するようになっています。リカード[*2]は、これを正しく考察しています。たとえば、土地収益の下落の法則を取り上げましょう。これは正しい法則なのですが、まったく現実に即していません。リカードが考慮に入れたファクターすべてを考慮すると、彼の言う土地収益の下落の法則は、完璧な経営がなされると、通用しなくなります。その法則は、現実においては正しいと証明されません。

もっと、世俗的なことを取り上げましょう。ラサール[*3]の「賃金鉄則」を取り上げましょう。この法則は「克服された」と人々が言っているのは軽薄だ、と私は感じます。ラサールの思考方法から、そして、労働には賃金が支払われるという見解からは、この賃金鉄則より正しいものは出てこないからです。

この法則は論理的で、「ラサールのように、労働者の生計を可能にする額以上の賃金を労働者に与えることには誰も関心がない、と人々が考えるのは絶対に正しい」と言うことができます。経営者は、それ以上のものを労働者に与えません。生計を維持できるよりも賃金が少ないなら、労働者はやつれます。そうなると、賃金を支払う者は償いをしなければなりません。

すでにプロレタリアート内部で、「賃金鉄則は間違っている。この何十年間、最低限が同時に最大限であるように賃金を受け取ったことはないからだ」と言われています。なぜ、ラサールの賃金鉄則は間違っているのでしょう。

彼がこの鉄則を打ち立てたときの状況――一八六〇年から一八七〇年までの状況――が続いて、純粋に自由主義的な見解の下に経営されていたら、賃金鉄則が現実化されていたでしょう。人々は自由主義経済から方向転換し、現実を改善する国法を作ることによって賃金鉄則を修正したのです。

正しい法則が現実に合わないことがあるのが分かります。私はラサールよりも偉大な思想家を知りません。ただ、彼は非常に一面的でした。彼は非常に首尾一貫した思想家でした。

自然に向き合うと、自然法則が確かめられます。社会法則も確かめられるのですが、それは一定の流れであり、修正可能なのです。

私たちの経済が純粋に自由競争に基づいているかぎり――まだ多くが自由競争に基づいているのですが――賃金鉄則は有効です。この法則が有効なので、一定の労働時間などの社会立法によって修正しなければなりません。完全に企業の自由にさせると、賃金鉄則が通用します。ですから、国民経済において、純粋な演繹法はありえません。

帰納法は初め、なんの助けにもなりません。ルーヨ・ブレンターノ[*4]は帰納法に従いました。帰納法では、私たちは経済的事実を観察できるだけであり、そこから法則にいたる、と言われます。そこでは、私たちは創造的思考にいたりません。これが、学問的な新しい国民経済学と自称しているものです。単に帰納的であろうとしている経済学です。しかし、この経済学では先に進めません。

国民経済学においては、独特の方法で概念を得ようと試みることが必要です。さまざまなところから概念を集め、そうして一定の概念にいたるのです。人間は事実をすべて見渡することはできず、幾多の経験をするだけなので、その概念はある意味で一面的です。

もう一度、概念をもって現象を通過し、概念を立証しようと試みましょう。そうすると、修正がなされます。みなさんが特徴を述べることによって、みなさんが立証・修正した概念にいたります。そして、みなさんは国民経済的な見解を得ます。みなさんは見解にしたがって働かねばなりません。

私はそのような見解を、すべてが価格形成に介入するのを示すことによって、国民経済学講座[*5]で明らかにしたいのです。国民経済学の方法は非常に厄介なものです。その方法は現実のなかで、無限に多くのファクターから概念を構成することになるからです。

みなさんは「国民経済イマジネーション」を目指して働かねばなりません。国民経済イマジネーションによって、みなさんは初めて前進できます。みなさんが国民経済イマジネーションを有し、それがなにかに達すると、そのイマジネーションはおのずと変容します。それに対して、固定的な概念は変容させるのが容易ではありません。

みなさんはグレシャム[*6]の法則「悪貨は良貨を駆逐する」をご存じです。悪い、価値の低い貨幣、価値の低い硬貨が流通すると、その貨幣は純度の高い良貨を押しのけます。これも帰納的な法則、経験則です。この法則は、「貨幣の価値を保証できないあいだだけ有効である」と言わねばなりません。進取の気性をとおして、良貨の価値を確保すると、この法則は変化するでしょう。良貨は絶滅しないでしょう。

どの経済法則も、ある点までは有効です。しかし、どの法則も変化します。そのために、私たちには特徴的な方法が必要です。自然科学においては、帰納的な方法が用いられます。演繹にいたることもありますが、演繹は一般的に自然科学においては、人々が考えるよりもずっと意味の少ないものです。

純粋な演繹は、法学においてなされます。帰納的に行なおうとすると、法学のなかに、法学を壊すものを持ち込むことになります。法学のなかに心理学的な方法を持ち込むと、法学は解消します。法学の見解が損なわれることになります。それは、もはや法学ではありません。

このように、国民経済においては演繹と帰納ではうまく行きません。演繹でやっていけるのは、一般的な処置が可能であるときのみです。オッペンハイマー[*7]は歴史から帰納したものに基づいて社会秩序を演繹しました。何年もまえ、オッペンハイマーはすでに入植者であり、「私はいま資本を手に入れた。いま、私たちは現代の文化コロニーを作る」と、言いました。私は彼に、「博士、そのコロニーが崩壊したときに、そのコロニーについて話し合いましょう」と言い返しました。一般的な経済の内部で、なにか別のものをとおして利益を享受する小さな領域を築くことは不可能なので、そのコロニーは崩壊するにちがいありません。それは国民経済全体のなかの寄生虫のようなものです。そのような企ては、いつも寄生虫です。それらの企ては他のものを食いつくすまで存続します。しかし、ついで、その企ては崩壊します。

みなさんの思考がさまざまな社会現象のなかに入ることによって、国民経済の性格を述べることができます。国民経済においては、人々は過去という基盤の上に立って常に未来へと働かねばなりません。国民経済においては、根本的に、よく注意するしかありません。実践に介入すべきなら、概念を絶えず変化させる用意ができていなくてはなりません。塑像ではなく、生きた人間を扱わねばなりません。それが国民経済学を特別の学問にするのです。国民経済学は現実に貫かれねばならないからです。

これをみなさんは理論的に容易に洞察できます。「国民経済学を研究するのは、とても厄介だ」と、おっしゃるでしょう。私はそのように言いたいのではありません。たとえば、みなさんが学位論文を書こうとするとき、なんらかの領域の近年の文献を追っていき、個々の見解を比較すると、非常に多くのものを得られます。国民経済学においては、信じられないような定義の数々があります。

いろいろな国民経済ハンドブックや大部の論文を見て、資本の定義をまとめてみてください。定義を八個・一〇個、並べてみてください。いま私は一個、思いつきました。「資本とは、生産された生産手段である」。反対に、「資本とは、生産されない生産手段である」とすれば、たとえば自然・土地を考えることができるでしょう。しかし、土地が資本化されるのを正当化することは、もちろんできません。それでも、土地は資本還元されます。

この考察において、現実に即したものが困難だと思うなら、「現実に即したものは本来、容易になりうる」と、私は言いたく思います。あなたは、「『社会問題の核心』は論理的に自己のなかで完結している」とおっしゃいます。そうではありません。『核心』も他ののも、そうではありません。私は純粋に国民経済的でありたいのではなく、社会的・国民経済的でありたいのです。そのために、この本のスタイルと姿勢は国民経済的に評価されえないようになっています。三分節についての個々の論文も、自己の内で論理的に完結していないとは思いません。

私が入念に書いたのは、方針と実例だけです。だれかが自分が関係しているあいだだけ生産手段を管理し、ついで、また管理できる者に手渡されるということをとおして何が達成されるかについて、私は人々の注意を引き起こしたかったのです。そのようにして達成されるべきものを他の道でも達成できることを、私はよく考えることができます。

私はただ方針を与えたかったのです。三分節を実情に即して実行して、実際に精神生活を解放し、法律を民主主義の地盤の上に築き、経済をアソシエーションに代表される実際的・専門的なものの上に置くと打開策が見出される、ということを示したかったのです。そうすれば経済のなかに正しいことが生じる、と私は確信しています。

アソシエーションのなかにいる人々が正しいものを見出すだろう、と私は言います。私は人間に期待したいのです。これが現実に合ったことです。「労働という概念」について論文を書くなら、国民経済の意味で労働という概念を本当に見出すことが必要です。この概念は、労働において価値創造的でないもの、国民経済的な価値を創造しないものすべてから解放されなくてはなりません。そうすることでは特徴描写にしかいたりませんが、特徴を描写するという方法が大事なのです。

＊1　Corpus Juris Civilis　東ローマ皇帝ユスティニアヌス一世（四八二～五六五年）の勅令によって編纂された「ローマ法大全」中の「勅法彙集」のこと。

＊2　David Ricardo　イギリスの経済学者（一七七二～八二三年）。アダム・スミスと並んで古典学派の代表者。主著『経済学および課税の原理』。

＊3　Ferdinand Lassalle　ドイツの社会主義者（一八二五～一八六四年）。全ドイツ労働者同盟を組織し、賃金は労働者の生存維持に必要な程度しか得られず、資本主義が続くかぎり労働者は貧困を免れないと説いた。主著『労働者綱領』。

＊4　Lujo Brentano　ドイツの経済学者（一八四四～一九三一年）。講壇社会主義の代表者と

目された。

＊5　Nationalökonomischer Kurs　シュタイナーが一九二二年七月二四日～八月六日に経済学部の学生を対象にドルナッハで行なった講義。邦訳『シュタイナー経済学講座』（筑摩書房）。

＊6　Thomas Gresham　イギリスの財政家（一五一九～七九年）。

＊7　Franz Oppenheimer　ドイツの社会学者（一八六四～一九四三年）。

――国民経済的認識のために、どの程度インスピレーションが必要ですか。

シュタイナー　ものごとを真面目に受け取ると、インスピレーションを得るのはそんなに困難ではありません。超感覚的な事実を見出すことが問題なのではなくて、国民経済の領域でインスピレーションを働かせることが大事なのです。ですから、特別に困難なことではありません。

仕事について、「人間は国民経済的な価値を持たない仕事を行なうことがある」と示すことから出発する必要があります。これは分かりきったことです。演説で大変くたびれることがあります。その際、本来の国民経済的な価値は出てきません。

ある人が樵で、実際に価値生産的な仕事をしているとしましょう。ある人は木綿ブローカーで、仕事で神経質になって、毎夏二週間、山で薪を割るとしましょう。この木綿ブローカーは薪割りとは関係ないわけです。ここで複雑になるのですが、このブローカーは割った薪を換金することができます。薪を売って、金銭を得ることができます。しかし、彼が得たものを、樵の仕事と同様に評価してはなりません。

場合によっては、彼は夏に二週間薪を割らなければ、冬にブローカーとしてあまり働けないのかもしれません。木綿ブローカーが割った薪の国民経済的価値は、樵が割った薪にまったく等しいものです。しかし、彼の活動に跳ね返ってくる、彼の仕事の国民経済的な効果は本質的に異なります。

ブローカーの場合、薪割りという行為の価値は、その薪割りがブローカーとしての活動に作用するというところにあります。だれかが階段を上ることによってダイエットするときもそうなのか、私は調べなくてはなりません。その人にとって、その行為はくたびれます。しかし、国民経済にとってはなんの効果もありません。そのとおりです。しかし、私はここで、その人が年金生活者か事業家か、区別しなくてはなりません。事業家のほうが、国民経済的な価値の創造者として有能です。

次第に、ものごとの特徴を述べながら明らかにしていかねばなりません。そうして先に進むと、労働の直接的な価値と、間接的・反射的な価値が明らかになります。このような方法で、労働という概念の特徴が得られます。

ふたたび薪割りに戻り、木綿ブローカーが行なう薪割りと樵が職業として行なう薪割りが経済プロセスのなかで意味するものを比べてみましょう。ある段階から次の段階へと進み、ものごとがどう作用するか、いたるところで調べることができます。これが現実に即したことだ、と私は思います。

さまざまな生活領域でどのように仕事がなされているか、示さねばなりません。ゲーテにおける「原植物」の概念のようにです。彼はもちろん図式を描いたのですが、常に変容するものを思い浮かべていました。国民経済の概念は生活のなかで、絶えずメタモルフォーゼしなければなりません。これが、私が言いたいことです。

もちろん、みなさんはこのような概念ではあまりうまく行かないでしょう。大学の先生はこれを認めず、定義をしようとします。しかし私は、労働という概念が国民経済学において鋭く把握されているとは思いません。特徴的な性格を述べるべきであって、絶えずネガティブに語るべきではありません。国民経済の解説書に、労働は個々人において個人的な力に応じて異なるので、価格にとって決定的ではないと書いてありました。ネガティブな判断が記載されています。ポジティブな評価が欠けています。労働は本来の実質的性格を失い、別の項目に移されて、そこから価値を得るように前進できるのです。

労働は、人間の労苦から現われる国民経済的要素です。しかし、この要素は国民経済的プロセスのなかに流れ出ることによって、さまざまな方向に向けて、さまざまな国民経済的価値を得ます。さまざまな方向で労働の評価へと導くプロセスについて語るべきです。あるものから他のものにいかに進まねばならないかに思いいたる必要があります。そこにインスピレーションは基づきます。正しい例を見出すことには、いくぶんなりとも「スピリット」が必要です。

――それでも、大概念は必要ではありませんか。性格を述べるという方法においても、観察される作用を引き起こした原因に重きが置かれますか。

シュタイナー 作用に関わるなら、原因に遡ることに私は同意します。自然の領域でも、作用から出発しないと原因が見出されません。国民経済の領域では、もっとそうなのです。作用から原因を認識しないと、原因の認識はなんの助けにもなりません。たとえば、戦時経済の途方もない作用があります。その作用を知らないと、原因を評価できないでしょう。

原因にいたるために、作用の質を感じる能力を身につけることが大事です。たしかに、実際的なものにおいては原因へといたらなければなりません。作用を査定することを人は学びます。そして、作用を見ることによって原因を知り、原因を改善するのです。原因を知るだけでは、あまり役に立ちません。

「作用から出発することによって原因にいたった」と言えるように、原因にいたらねばなりません。たとえば、左脳にある言語中枢の影響範囲は、もっぱら作用から認識されます。言語が失われ、左脳の麻痺が分かります。まず、作用が認識されます。そうして、事態を調べることへと私たちは導かれます。このような遡行的方法が必要です。

――私は芸術・宗教・スポーツに関することを、すべて経済的観点から見ることはできません。部分的には経済的観点から考察できますが、全体はできません。

シュタイナー　私はある地方を汽車で行き、その地方で非常に芸術的な建物を見つけます。これは単に芸術的観照ではありません。芸術的な建物は、一定の経済状態の基盤の上に可能なのです。芸術的な建物の多い地方を汽車で行くと、そこの経済がどうであるか、すぐにイメージできます。

いわゆる豪邸さえ無粋な地方を旅すると、その地方の経済状態を思い描けます。美術的建造物を見ると、そこでは美術的建造物がない地方よりも賃金が高い、という結論が得られます。私は、なにかが経済的に考察できない、とは思えません。最高の領域にいたるまで、あらゆるものが経済的に考察されねばなりません。

――経済的観点から考察できるということには同意します。しかし、そうできるにすぎません。ほかの観点からも考察できます。

シュタイナー　あなたがどこかのサークルに入るとしましょう。「考察のために、まず経済的観点を根本にすることが必要だ」と言われますが、これは単に発見・探究・調査にすぎません。徹底的に現実に合った国民経済学を見出そうとすれば、経済的効果の特徴をあらゆる側から述べることが必要でしょう。

ある地域に優秀な画家が一〇〇人いるか、一〇人しかいないかで、経済にどんな影響があるか、その特徴を述べねばなりません。そうしないと、経済のいとなみが把握されるとはほとんど考えられません。そうでなければ、私はこんなに強く固執しないでしょう。

国民経済においては、現象の総体から何かを強調することが大事なのではありません。現象全体を通過していくことが大事です。「私は国民経済的に考える。国民経済的に思考する能力のない人を、私は助けることができる」ということを意識しなくてはなりません。

しかし、国民経済的思考はかなりトータルなものであり、非常に包括的な思考を要求する、ということも意識しなくてはなりません。法律的に考えるのは、ずっと容易です。たいていの国民経済学者は非常に法律的に思考しています。

――国民経済における「標準」について意見が分かれていて、そもそも何がノーマルなのか分かりません。

シュタイナー　「ノーマル」と「アブノーマル」の解釈で張り合うことに、私は価値を認めません。「健康は一つ、病気は無数」という格言があります。私は、これを認めません。人々は、だれかについて、「心臓病の人だ。あれこれの小さな欠陥がある。それを直すべきだ」と言います。私はしばしば、「小さな欠陥はその人に任せておきなさい」と言います。

鼻骨を怪我して、鼻道が狭くなり、空気が少ししか入らなくなった人を、ある医者が私のところに連れてきました。そして、「手術しなければなりません。たいへん簡単な手術です」と言いました。私は、「手術はやめなさい。この人の肺は片方、もう空気を吸ってはいけないような構造になっています。鼻道が狭くなったのは、この人にとっては幸運でした。これで、この人はもう一〇年生きることができます。この人がノーマルな鼻をしていたら、三年で死ぬにちがいありません」と言いました。

このように、私は「ノーマル」と「ノーマルでない」ということに、大きな価値を置いていません。ノーマルかノーマルでないかというのは、非常に陳腐なことです。

――統計の価値は、いかがですか。

シュタイナー　統計がとても助けになるのは本当です。しかし今日、統計的方法は外的に用いられています。ある人が、ある地域での家の価値の上昇について統計を取りました。そして、ほかの地域の家の価値の上昇についての統計を取って、それらを並べました。しかし、それはよくありません。経過を調べると、確実になります。そうして、どのようにその数を評価しなければならないかが分かります。尋常でない出来事が入り込むことによって、数列のなかに特別のものが現われることがあります。

――数を集めるに際してインスピレーションが生じますか。

シュタイナー　ある列、第二の列、第三の列があって、それらを質的に考察するとき、第一の列のなかでどのような事実が第三の列のなかの事実によって変容されるかを見出すと――ふたたびスピリットをとおして――そこにインスピレーションも現われます。こうして、多分、ある数値が現われます。これを私は兆候学的考察と名付けています。ものごとを評価する能力、場合によっては、矛盾するもの同士を正しく比較検討する能力がなくてはなりません。

国民経済学は時々、過度に非客観的な方法で営まれます。たとえば、さまざまな国の大蔵大臣が党略的観点の下にバランスシートを形成すべく統計を取り扱っている、と人々は感じます。一定の党の方針を証明しようとして、数字による資料を用います。その資料は、他の党の方針も同様に証明できます。数字による資料が役立つのは、心魂的な捉われなしに、本当に基礎的なもの、根源的なものを考察できる点です。

文科高等中学校《ギムナジウム》や実科学校《レアルシューレ》でインスピレーションが徹底的に追い出されていなければ、今日学んでいる人々はインスピレーションをもっと有していただろう、と私は確信しています。大学生はいきいきと学問するために、文科高等中学校で追い出されたものを取り戻す必要があります。今日、学問は恐ろしく生気のない形で営まれています。

私は外国で、多数の国民経済学の講師たちと話したことがあります。彼らは、「私たちがドイツで同僚を訪問しようとすると、〝どうぞ。でも私の講義には来ないで、家に来てくれ〟と言われます」と言いました。今日では、これらのことに本当に捉われのない洞察が必要です。国民経済学は特に最近堕落しました。すべては、人間が精神の創造性を失ったことに関係しています。

いま新聞には、ドイツにおける精神の閉塞状態についての記事が載っています。もちろん、その状態は以前から形成されたものです。私たちが今日、雑誌『ダス・ゲーテアヌム』[*8]をドイツに配送しようとしたら、原価で一部につき一八マルク必要です。技術・医学の専門雑誌のことを考えてください。それらを取り寄せるのは不可能です。文化の結末を考えてみてください。これは国民経済の問題でもあります。ドイツでは精神的閉塞状態です。これらの雑誌の廃刊は、ドイツ人の白痴化へと導くにちがいありません。

これはドイツでは経済的性格のものであり、ロシアではすでに国家的性格を受け取っています。ロシアでは、ソビエト政府自身が売るものしか読むことができません。人々はソビエト・システムの模像になります。

＊8　Das Goetheanum　シュタイナーが一九二一年八月に創刊した週刊新聞。

——国民経済的作用を観察するときに、統計から出発せずに、眼前の事実の観察から出発するのは有益ではありませんか。

シュタイナー　統計を参考にするときも、この考察方法が必要です。統計によってできるのは、ものごとを数で証明することだけです。

いまウィーンに行って、通りを歩いてみましょう。みなさんの知り合いが一〇年前にはどの住居で暮らしており、いまはどの住居で生活しているか、調べてみましょう。そのように一軒ずつ調べてみます。そのように観察すると、中間層全体が消え去っているのが分かります。中間層はただ生きているだけです。中間層は経済的には生きていません。中間層が何で生きているかを見れば、恐ろしいものです。数字という証拠は非常に重要でありえます。

人間には「勘」が必要です。ものごとを数で証明できるなら、数字が人間を先導します。たとえば、オーストリアの通貨クローネの価値低下です。今日、クローネには本当にわずかしか価値がありません。しかし、ほかのものによってなにかが取り去られることなしに、価値が下がることはありません。為替相場の犠牲者は、年金ならびに同様の受給の低い人々です。オーストリアはクローネをもっと下げねばならないでしょう。それでも、国家財政の破綻は宣言されません。

――財産があるかぎり、国家は貨幣の増産によって、その財産を強奪することができますか。

シュタイナー　たしかに、貨幣の増産によって国家は存在できます。しかし、年金が使い果たされ、年金が保持されないと、国家はさらに紙幣を製造しても、経済的にもはや存立できないでしょう。さらに造幣すると、ついには無限の上昇へと導かれるからです。国家は次第に終焉を迎えるしかありません。

――国家は、企業のなかにある国民経済的な資本によって生存するのではないのですか。

シュタイナー　はい。しかし、そこにはさまざまな定期金が含まれています。

――私が言いたいのは、国家は資本を吸い取るということです。

シュタイナー　そうすると、資本は定期金の性格を帯びます。たしかに国家は生存できますが、もはや経営できません。それは、もはや経済ではありません。国家は、すでにやりくりしたもので生きられるだけです。国家は昔のもので食いつなぐだけです。

オーストリアでは、とっくに年金が破綻しているにちがいありません。ドイツでは、まだそんなに事態は進んでいません。たとえば家賃に関して強制的な法律がないと、オーストリアでは先に進めないのが確かです。オーストリアでは、人々は本来なにも支払っていません。3DKで約二五サンチームだと思います。なんらかのものを無償で持つことでのみ、ものごとが保たれています。ドイツでも、人々は住居に本来の一〇分の一しか払っていません。そのようにして、ある程度まで支払うことのできる社会階級において、ものごとは保たれています。

オーストリアでは、ある社会階級が落ちぶれて、もはや二五サンチームも支払えなくなっています。三〇〇〇クローネの収入のある人々が、場合によっては、それで生活していけました。今日では、それはイギリスの一シェリング少々です。それでは、生きていけません。

今日、経済現象は本当に恐ろしいものです。経済法則を研究して、事態を改善しようという試みは、一九一九年に駄目になりました。しかし当時は、為替相場の悲惨さはまだ今日のようなレベルにはありませんでした。

「国民経済的な思考とは何か」という問いを扱うことができます。そうして、「国民経済の意味で、どのようにして労働の概念にいたるか」と問うことができます。私が述べた概念を、だれかがまったく自由に発展させるとよいでしょう。だれかが企業資本の概念を明らかにしようと試みるのはよいことでしょう。企業資本の特徴を述べようとするなら、それを定期金資本と対照させねばなりません。

第2セミナー

——国民経済的な意味における労働は、その経済性を考慮した人間的な活動でしょう。物理学では、物理的な仕事は機械的な作用によって決定されることが正確に知られています。経済的に利用できる行為は労働になりますか。そうではありません。価値は、エンドユーザーによってのみ発生します。労働によって国民経済的な関連において本当の価値を有することが行なわれると、労働は経済的労働と見なされます。

シュタイナー 小さな示唆を与えたいと思います。「国民経済有機体あるいは国民経済プロセス内部で、労働を物理的な仕事と関連させ、物理学的な仕事の概念をもっと詳しく取り上げればどうなるか」という問いが現われるなら、あなたはどうなさいますか。たしかに、あなたがおっしゃったことは、すべて正しいです。しかし、物理学者は自分の仕事のための公式を立てるとき、質量の概念を導入するでしょう。物理学的な仕事・エネルギーは、質量と速度の関数です。これに似ているものを、みなさんは国民経済プロセスのなかに容易に見出すでしょう。

重量によって物理学的に決定される質量の概念が導入されるのが、物理学的な仕事の公式の特徴です。物理学的な仕事の概念のなかには、「質量」と「速度」によって置き換えられる「重量」があるのです。アナロジーにとどまるなら、質量の概念、あるいは重量という概念を国民経済的な考察方法のなかに導入することが必要かどうか、それが問題です。国民経済プロセスのなかに、質量に相当するものを探し出してみましょう。

――労働の本質の問題には、買い手の側からの評価が関連します。企業家はこの評価を前提にしています。その評価によって商品は購買されます。

シュタイナー　あなたの言う評価の概念は、完全には国民経済の領域にありません。哲学の領域にあります。ですから、この概念が国民経済的な価値を有するためには、あなたはこの概念に国民経済的な重さを与えねばなりません。この評価自体には――たとえば主婦がなにかを必要と思うとき――判断以上のものはほとんどありません。主婦がその品物を買えるときに、国民経済は始まります。製品が素晴らしいのは、とてもよいことです。しかし、それは高すぎるので買われません。ですから、単なる評価は哲学的なカテゴリーです。それが経済のいとなみのなかに入ることができると、経済的カテゴリーになるでしょう。こうして、経済行為の概念が説明されます。

――経済行為の検証は評価とどんな関係にあるのですか。

シュタイナー　「評価」自体は、ほとんど国民経済的カテゴリーではありません。そこから、評価は主観的なものだ、ということが明らかになります。もちろん、国民経済のカテゴリーのなかで、すでに主観的なものが作用しています。しかし、それが客観的になる道を示さねばなりません。二人の主婦が、同じものに異なった評価をするとしましょう。あるときは経済的成功に導かれ、べつのときは経済的失敗に導かれます。評価は単に哲学的概念だからです。確かに、評価は私経済のなかに入り込むことがありますが、国民経済のなかに上っていかねばなりません。

――経済行為というのは、検証を先取りすることだ、と私は理解しています。

シュタイナー　ここでは実際、議論のなかに出てきたのとはまったく別のものが問題です。私たちはそれでも、国民経済的に思考しようと思います。公式はもちろん価値あるものですが、それはむしろ経済哲学の公式であり、全世界秩序のまえで経済行為を形而上学的に正当化するために、経済行為の概念をスコラ学的な方法で見つけ出すことに努めます。それが目標なら、みなさんはこの道を進むことができます。それについて話し合うのは非常に興味深いことです。たとえば、人々が思考によって経済のいとなみを改良できるものをもたらすことが重要かと問うなら、その公式をとおして得られるものをよく洞察できません。

もちろん、人々はもっとよく思考することを学べるのですが、私たちは国民経済そのものを本当に実りあるものにする必要があります。自然科学と医学においては、人間が方法論を有するかどうかはそんなに重要ではありません。そこでは、方法論は器具の取扱いのテクニックであり、方法論自体はそんなに大きな価値を有しません。国民経済学では、方法論は非常に大きな価値を有します。私たちが事物について思考するものが国民経済のなかで実践的にならなくてはならないからです。そうでないと、ブレンターノが経験的に追求したような形の経済学になります。私たちは今日、実践的になれる国民経済的思考を必要としています。ですから、定義を一語一語検討するのは非常に興味深いものですが、それは国民経済的な思考よりも経済哲学的な思考の領域にあります。

あなたは、あれこれの労働をどう評価するかを経済アソシエーションのなかで明らかにしたい人のように、労働の概念を探り出そうとしています。それがあなたの傾向です。私たちがアソシエーションに入るなら、労働者として、事物を国民経済的プロセスのなかで評価するための基盤を持つにちがいありません。

――経済的労働は、直接あるいは間接に価値創造的に作用する人間の活動です。

シュタイナー　実践的な国民経済的思考を見出そうとするなら、いくらか別のものを考慮しなければならない、と私は思います。明らかにするために、自然科学的なアナロジーを取り上げましょう。上昇プロセスのみ、つまり一定方向に進むプロセスだけを考察すると、人体におけるプロセス全体はまったく理解できません。崩壊プロセスも考察するときに、トータルなプロセスを本当に理解できます。

たとえば、骨と神経のなかには崩壊プロセスがあります。血液のなかには、構築プロセスと崩壊プロセスがあります。人体のなかで、乳糜製造から始まって、リンパ液製造、静脈血の製造までは構築プロセスです。それから、呼吸に関連するプロセスがあります。これは、構築と崩壊のあいだの不安定な均衡を示すプロセスです。そして、神経と骨のなかで起こるプロセスは崩壊プロセスです。エボリューションに対するデボリューションです。たとえば、肝臓プロセスを構築と崩壊の複合として把握するように概念を整えると、本当の理解が得られます。

単なる理論的な関心を持つ人がやってきて、構築プロセスを崩壊プロセスと取り換えます。その人は、「人間は構築プロセスの下に、身体的にある程度まで発展する。ついで、人間は精神的に構築する」と言います。そうすると、私たちはある領域から別の領域に入り、抽象的な概念の織物だけを得て、なにも理解しません。構築プロセスが存在しないときに精神は働きはじめるということを知ったとき、私たちは人体における精神の活動を初めて学びます。「脳のなかには構築ではなく、崩壊がある。そして、崩壊のなかで初めて精神は作用する」と知るのです。このように理解すると、現実にいたれます。抽象的・弁証法的・論理的に概念を保つと、実際的な理解にはいたりません。

ですから、国民経済では単に価値形成だけではなく、価値低下も考慮する必要があります。ある程度まで、現実的な価値の減少についても語ることが必要です。価値低下が行なわれるところには精神的プロセスが存在します。

私が家を取り壊すとき、そこにも価値がある、とあなたは考えています。家の取り壊しは、だれかのために生産的なものが創造される、ということを意味するからです。たしかに、抽象的な概念のなかにとどまれば、そのように見ることができます。しかし、価値発生と価値償却から経済プロセスを構成すると、実践にとって意味があります。労働は単に価値を作り出すことだけではなく、価値の消滅にも意味を持つことが明らかになるにちがいありません。ここを抜かすと、労働について妥当な概念を得られません。消滅のための労働がなければ、経営することができないでしょう。これを、あなたは自分の概念のなかに持ち込まねばなりません。

価値形成と価値消滅の方向で経済的に生じるものを認識することが、近い将来にとって大きな意味を持つだろう、と私は思います。消滅のために存在しているのに、適切な方法で消滅されない価値が発生したら、経済プロセスが妨げられます。多すぎる生産によって、プロセスが妨害されるのです。イメージを用いて語れば、経済生活の胃袋のなかにたくさんのものがありすぎると、プロセスが妨害されるのです。

――労働は限定された経済有機体にとって考察される活動である、というふうに理解すべきではありませんか。

シュタイナー　傘の作りすぎは、疑いなく、崩壊プロセスです。しかし、私たちが労働しているかぎり、労働量に関しては、いかなる事情でも構築プロセスです。傘を壊すという崩壊プロセスが、それに対立するのではありません。場合によっては、みなさんが定義なさる労働では崩壊にいたりません。しかし、労働に関してものごとをよく考えようとするなら、傘の製造過剰を崩壊プロセスと名付けることができます。

私たちは国民経済的考察に際して本当に明瞭な判断をするために、さまざまな側から概念を検証しようと試みる、ということを意識しなくてはなりません。抽象的な定義によっては何も得られません。「労働は人間の活動の経済性に目を向けた人間の活動である。つまり、人間の経済活動である」という労働の概念が打ち立てられました。

しかし、国民経済の意味におけるこのような定義と、物理的な意味での仕事は何によって区別されるでしょうか。このような国民経済的定義には現実的なものがありません。物理学者が物理的な仕事を公式によって定義し、そのなかに質量と速度が含まれていると、現実的です。質量は量れるからです。

物理学者が速度を定義しようとするなら、そのように定義を打ち立てます。定義は互いの了解に役立ちます。物理学者は定義によって、注目すべきものを示唆するだけだ、ということを完全に意識しています。速度を観察して知っている者だけが、速度を定義できます。その人が定義するのは、速度の質量です。物理学者は説明をするとき、なんらかの現実的な説明をしているのだ、と思うことは決してないでしょう。物理学者は――それが正当か不当かを私は調べるつもりはありませんが――仕事を質量と速度の関数として説明できる、と考えています。そうして、彼は現実的な説明に取りかかります。

それを私が経済のいとなみのなかで行なうなら、正しい点で取り扱うことが大事です。例えば、価値は労働と自然対象物・自然存在、あるいは才知と自然の関数であるというふうに、私は説明します。

運動する物体が場所を移動するのに対して、これはもちろん質的な変化です。物理学者が言う度量は現実の自然実質です。私は、物理学におけるそのような現実的な要求に相応する定義を目標にします。仕事そのものを定義しようと努めるとき、私は国民経済のために何も特別なことはしません。仕事を天然産物の関数にすると、初めて労働そのものが国民経済のカテゴリーになるということを、私はなによりも明らかにしなければなりません。

古典的な物理学が支配していたあいだ、仕事は質量と速度の関数であると物理学者は定義しました。イオンと電子についての現代の見解に面して、この労働の定義は完全に意味を失いました。そこでは質量の概念が抜け落ちるからです。私たちは加速度のみを扱います。質量から物理的経過が解放されます。手を加えられた自然から資本が解放されるのと同じです。

定義以上に考える、というのが事実に沿った思考の特徴です。私が国民経済的に語るとき、概念が把握されえないところでは概念をつかもうとしていない、ということに注意してほしいと思います。私は「質量」自体も、物理学的に取り扱えません。その関数だけが把握できます。「質量とは物質の集合である」。これは単なる言葉による定義です。

私は自然・労働・資本という概念をつぎつぎに定義することが国民経済的に意味深いとは見ません。現実を取り扱うことが大事です。自然ではなく、手を加えられた自然、労働ではなく、組織された労働です。資本ではなく、人間精神によって管理された資本、国民経済的な動きをする資本です。事物を適切な局面で取り扱うことが国民経済においては必要だ、と私は思います。

――（質問不明）

シュタイナー　頭脳労働と手工業を区別するのは正しくない、ということに私は注意したいと思います。頭脳労働と手工業を定義しようと試みると、一つの極から他の極へのゆっくりとした移行しか見出せません。その二つの極は対極ではありません。生理学的にも、本来、対極はありません。ものごとが誤って考察されているということは、体操の元気回復作用について人々が間違っていることから見て取れます。今日では、体操が以前に言われていたような元気回復にならないことが知られています。ものごとを国民経済的に実り豊かに考えることが大事です。

——国民経済的な思考と生物学的な思考の関係はどうですか。

シュタイナー　国民経済はその現実性において、生物学的な実在に非常に類似しています。労働の価値、たとえば印刷工の仕事の国民経済的な価値を確定することを試みると、それが非常によく証明できます。

ある詩人が、自分は非常に偉大な詩人だと思い込むとしましょう。後援者の資金援助によって、彼の詩が印刷されるとしましょう。その詩集が出来上がるために、紙業者・植字工など多くの人々が、マルクス主義的な概念では生産的労働をします。しかし、その詩集が一冊も売れず、全部断裁されるとしましょう。そうすると、彼らが何もしなかったのと同じことになります。この場合、彼らは無駄な労働をしました。

さて、マルクス主義者の言うことのほとんどが愚かであるのか、意味があるのか、調べなくてはなりません。生物学的な考察方法がアナロジーを提供することに、みなさんは気づくでしょう。みなさんは、「生物学では、私は存在全体を初めから終わりまで考察できる。それに対して、経済においては傾向などを扱う」と言うことができます。

鰊《にしん》の卵すべてが鰊になるのではなく、鰊になる卵はわずかであり、無数の卵が無に帰すということを考えると、自然のなかには傾向以上のものが存在するのでしょうか。無に帰した卵は自然のプロセス全体にとって何も意味しないのか、あるいは、生物的プロセス全体のなかで別の方向に進むのかが問われます。別の方向に進むのです。多数の卵が壊滅しなかったら、鰊も他の多くの海洋生物もいなかったでしょう。

みなさんが「卵が死んだ」と言うだけなら、現実的な考察の土台の上に立っていません。みなさんは、「これは進化だ」と言う義務があります。卵ができ、なにかによって滅びます。鰊全部も発生し、なにかで滅びます。このプロセスはさまざまな方向を取り、鰊は卵の傾向を継続します。鰊には卵として存続することをやめる権利がある、とは言えません。これは消え去る労働、消え去る経済的実体と類似しています。

国民経済的思考方法と生物学的思考方法のあいだに、数えきれないほど類似点があります。それに気づかないのは、私たちがきちんとした生物学的思考もきちんとした国民経済的思考もしていないからです。生物学が正しい思考を発展させはじめたら、その思考は国民経済的思考に非常に似たものになるでしょう。本当の意味で生物学を研究するのと、国民経済をいとなむのには、同じ能力が必要です。

——鰊の卵と、印刷されたけれども断裁された詩集との比較の意図はどこにあるのですか。

シュタイナー　こういうことです。働いている人々が働かなくなると、それらの人々はどこか他のところで働かねばなりません。人間の活動は鰊の卵のように、場合によっては他所に導かれます。これには国民経済的な効果もあります。

睡眠は休息であり、生活は活動である、と言われるにちがいありません。そのように人々は容易に言います。しかし、ある観点から見ると、生活にとっては睡眠のほうが覚醒よりもずっと必要です。人間の活動も同様です。みなさんは、「私はこの活動をもっと有益な方法で用いたい」と言うことができます。しかし、雨傘をたくさん作りすぎると、有益かどうか疑わしいものです。まず、不調な国民経済プロセスのなかで妨害的に作用するかもしれない労働を一時的に除去するのです。

国民経済的に健全に思考すると、すべてが別様に判明するでしょう。国民経済的に健全に思考するとそのようにして余った労働時間を、自分では活動できない人々のためにどう利用するか、大いに知恵をしぼらねばならないでしょう。ここでは、通常の国民経済的考察を越えます。実際、人々が国民経済的に健全に思考すると、みなさんが歓迎するものがすぐに発生するのです。しかし人々は、自分では活動できない人たち、自分では時間を過ごせない人たちに、時間を節約するとはどういうことかを教える必要がある、ということを考えつきません。今日、八～九時間働いている人が、三～四時間より長く働く必要はほとんどないでしょう。

理性的に国民経済的に考えれば、今日の働き方で、ずっと短時間の労働しか必要なくなるでしょう。いま人間は、労働を浪費しすぎています。

――生物学的な思考においては、一定の限られた知覚対象について考えます。国民経済的思考においては、何について国民経済的に熟考するかを示さねばなりません。

シュタイナー　「限定された知覚対象」は、生物学において相対的です。一滴の血液は、一目で見えます。しかし、それを顕微鏡で考察すると、もっと多くのものが見えます。一平方ミリメートルのなかに五〇〇から六〇〇の赤血球があり、それらすべてが活動しています。それは確かに、顕微鏡を使うと見えます。

それは、どこか限定された国民経済プロセスのなかで見えるものと非常によく似ています。年の市の屋台を思い浮かべて、屋台の人がどのように商品を置いているか、見てみましょう。客が来て、商品が引き渡され、お金が支払われます。すべてが密集していて一つになっていると考えると、そこにははっきりとした区別がありません。私は限定された領域における国民経済を、これと同様に相対的に洞察することができます。屋台の一切合財を考察することと、イギリス人が中国で阿片を売ることに関連するものすべてを考察することには、相対的な違いしかありません。

——どこで国民経済が始まり、どこで終了するか、私は知りません。

シュタイナー　生物学的なものがどこで始まるかも、人々は知りません。生きているものの性質を理解できると、国民経済を把握することも可能になります。ただ、必要なものが一つあります。たぶん、あなたがおっしゃった「自然を観照するときには対象物が人間に対峙するのに対し、国民経済においては主体が客体に対峙する度合は少ない」ということが正しいのでしょう。

国民経済においては、スピリットが必要です。生物学者はまだ少ししかスピリットを持っておらず、ただメソッドで研究しています。しかし、国民経済的に思考するにはスピリットが必要です。

――思考が国民経済的になっていないのに、国民経済プロセスが成立した、と私には思われます。まず思考が国民経済的にならねばなりません。国民経済が健全に経過するか不健全に経過するかは、どちらでもよいことです。そのかぎりで、私は自然科学に準じて国民経済における対象物について適切に語ることができます。

シュタイナー　あなたの言っていることは正しいです。国民経済においては、外界で起こるものを主観的に把握することから出発する必要があります。生物学においては、人間は――自分の研究する粉吹黄金《こふきこがね》ではないので――もちろん対象物の外にいますし、外にいなければなりません。それに対して、国民経済的に考察するときは、外に立つ度合がずっと少ないのです。人間は労働者をよく理解し、企業家も理解する分だけ、人間性を発展させることができます。このような人間的関与が、生物学における外的な観照の代わりをします。そのかぎりでは、あなたは正しいのです。

しかし他方、たとえばゲーテは商業という概念の影の面をよく定義しました。彼は生物学的な考察方法によって大いに前進したからです。ゲーテにはしばしば、的確な国民経済的見解が見出されます。それは彼の形態学的・生物学的考察方法といくらか関連しています。生物学においては、人間がスピリットを持たないと、自然が人間を突き動かします。国民経済においては、人間みずからがスピリットを消費します。

――経済は存在しないから国民経済は存在しない、と言う理論家がいます。シュパン[*1]がそう言っています。

シュタイナー　彼は非常に称賛されています。ウィーンでは非常に賢い人たちのあいだで特別の権威者として通用しています。私は彼のことをほとんど研究しておらず、彼についてあまり判断していません。しかし、非常に賢い人々が彼について語っていることは特に説得力はない、と私は思います。経済は存在しないと言うのは、機知に富む弁証法にすぎないでしょう。「生命は存在しない。メカニズムが存在するだけだ」と言う人々もいます。

私たちは個別の考察を行なうべきです。国民経済的な価値形成プロセスと価値低下プロセスがどこで必要かを具体的に示すことを試みるべきです。

＊1　Othmar Spann　オーストリアの経済学者・社会学者（一八七八〜一九五〇年）

——もう一度、評価の概念を議論しましょう。

シュタイナー　評価の概念は経済哲学へと導くのであって、経済学そのものには導きません。常に変化することによって可能なかぎり通用する見解を経済学のなかで見出すよう、私たちは努めています。評価という概念は、非常に拡張しないと、経済的要素すべてに的中させることは困難です。たとえば、「いままでまったく知られていなかったレンブラントの作品が納戸で見つかり、その作品の国民経済的な価値を査定するとき、評価の概念はどうなるだろう」と、言いたく思います。私が言いたいのは、その査定が評価とどう関係するかです。

——評価の概念の代弁者は、反社会的な評価——たとえば不当な市況利益——が引き起こされるのを「政治的なもの」の責任にします。

シュタイナー　三分節を正しく現実に移す可能性があるなら、あなたが述べられた「政治的なもの」という概念はなくなります。政治は本質的に法律のなかに存在するからです。経済からは政治は完全に抜け落ちます。なんらかの政治的な振る舞いをとおして「評価」を引き起こすことはできません。

しかし、「政治的なもの」とは何か、という問いがあります。政治的なものというのは本来、非常に二次的な、派生的な概念です。純粋に経済的な視点には、政治的になる誘因が存在しないからです。

二〇万マルク儲けて、労働者に八万マルク与えようと目論んでいる企業家が、快調な営業の結果、五〇万マルクを得たとしましょう。労働者が八万マルクで満足しているなら、企業家は労働者たちのまえで「私は二〇万マルク儲けることを見積もっていた。しかし、三〇万マルク、余計に儲かった。二〇万儲かるという前提の下に、私たちは営業を開始した。三〇万マルクは、余分に儲かったものだ。私は国民経済有機体の総体のために、さまざまな理由から、その金銭を君たちに分配するよりも、学校を設立するほうが正しいと思う。君たちは同意するか」と言うことができます。

政治的なものは世界史では二次的な産物です。戦争は別の手段で政治を継続したものだ、とは言えません。しかし政治は、精神的なもののなかに移された現代の戦争です。

この戦争では敵をだまします。敵をだます状況を引き起こします。軍はうまく敵をだませるほど、大きな成果をあげます。これを精神的なものに移したのが政治です。まったく同じカテゴリーが政治のなかに見出されます。

政治について語ると、「政治はあらゆるものにおいて克服される。政治自体においても克服される」と言いたくなります。政治の分野で行なわれるもののすべてが法律の形で起こると、それが本当の政治です。そうすると、法治国家が存在します。

——仕立て屋の例[*1]についてです。

シュタイナー　一着の背広によって得られる額が非常に小さく、それが長く続くので、仕立て屋は損をしているように錯覚します。

分業によって、製品は事実上、値下げされます。分業によって共同体のために働くと、自分自身のために働くときよりも自らの製品が安くなることがあります。これが分業による値下がりです。分業が進むと、自分で作った品物は高くなります。仕立て屋が自分のために作る背広の場合、一着の値段は、そんなに高くならないでしょう。しかし、すべての仕立て屋がそのようにすると、目につくようになるでしょう。

分業においては、もはや誰も何かを自分だけで作りません。せいぜい、農業において自給がなされるだけです。事実、仕立て屋が自分の背広を作り、バランスシートを作成すると、自分で作った背広が市価よりも高いのに気付くでしょう。背広を作るための支出が、背広の市価よりも高くなります。背広を実際に買うかどうか、個々のケースは、あまり重要ではありません。

もちろん、別の仕立て屋から買うのではないというのが前提条件です。商人がいることが前提です。商人のところの背広は、仕立て屋が商人なしに働くときよりも価格が安くなります。そうでないと、製造と商売を区分することは意味がありません。

仕立て屋は、商人の介入なしに働くときは、価格をいくらか高く設定しなければなりません。商人は、仕立て屋が自分で売るよりも、製品を安く市場にもたらすからです。みなさんはせいぜい、「仕立て屋が商品を商人から手に入れるとき、交通に要する金額を勘定に入れねばならないから、商人なしに売り捌かれる商品が本質的に安いのだ」と反論できるだけです。商人が加わることによって、流通に要するものも安くなるのを、みなさんは見出すでしょう。生産者価格と卸値段を単純に比較することをとおしては、背広が高くなるか安くなるかは分かりません。

＊1　『シュタイナー経済学講座』（筑摩書房）五六ページ以下および六七ページ以下。

――ある背広の価格は、ほかの背広の価格を圧迫します。なぜ、ほかの背広が高くなるのですか。

シュタイナー　商人が扱う背広すべてから一着の背広を取り出すと、その背広から得られる利益の可能性を商人から取ることになります。商人は他の背広からもっと大きな利益を得なければならなくなります。商人がもっと大きな利益を求めると、商品の値上げを引き起こすか、仕立て屋に値下げを要求します。

――流通によって価格が上昇するよりも、この相場圧迫が少ないかどうかが問題です。

シュタイナー　そのようにはならないでしょう。一度、問題を解こうと試みてください。「商業はどれくらい販売価格を下げる作用をするか」。これを学位論文のテーマにすればどうでしょう。五〇人の仕立て屋が行商に行き、そのために要する費用を勘定に入れねばならないと、商人が品物を流通させるよりも高くつくのが、みなさんには分かるでしょう。

――あなたは背広について、「商人を介すると、値下がりする」とおっしゃいました。

仕立て屋が自分のために手元に置く背広に関しては、流通を仲介する商人の出費全体が節約できます。

シュタイナー　商取引によって値段が下がらないなら、それは意味があります。しかし、商取引は価格を引き下げるので、背広を家に置いておくことはなんにもなりません。

――製造原価が一〇〇マルクだとしましょう。その背広の価格は一二〇マルクになります。それを商人が一一〇マルクに値切ります。もし仕立て屋が自分の背広を市場に出さなければ、一〇マルク節約できます。

シュタイナー　この場合、経済的にまったく現実的なものとして、商人と仕立て屋の共同バランスシートを考察しなければなりません。その内訳がバランスシート全体のなかでどうなっているか、調べなくてはなりません。個々のバランスシートの項目を単に比較することによっては、それは見出されません。それは現象全体のなかにあるにちがいありません。そうすると、「経済的分業は労働の結果を意味する。もし私が分業以前の状態に戻ると、自分も他人も損なうことになる」ということが分かるでしょう。人間は人々と結びついており、以前の段階に戻ると自分自身をも害します。すべての仕立て屋が自分の背広を自分で作って、アソシエーションを作ったら、バランスシートに記入される内訳ははっきりしてくるでしょう。

——既製服工場では、それはすでに明白です。

シュタイナー　確かに、そうです。どのような原因がそこにあるか、調べるべきです。製造者と商人との分業の場合、それは非常に小さな内訳になるでしょう。さらに分業が進んで、仕立て屋がもはや背広全体を製造せずに、一部だけを製造すると、その内訳は相当なものになります。仕立て屋が自分の背広を作ろうとすると、他所から買うよりも高くつきます。これはラディカルな例です。しかし、のちにさらなる分業においてはっきり現われるものは、初期の分業の段階でもすでに作用しています。

——なぜ、これを農業に関連させられないのですか。

シュタイナー　私は、そうは言っていません。三分節の意味で、農業と非農業のあいだに本当の経済的関係が存在すると、農業にも関連させられます。私は「今日、人々は自分のために生産することが、ますます少なくなっている。例外は農業だ。営農家が自給していることが、すぐに分かる」と言いました。農業においては一般的な経済の歩みの多くが修正され、農夫が草を自分の畑で作るか、他所から買うかは、そんなに変わりません。今日では根本的に、工業と農業のあいだの価格の関係が完全に損なわれています。

どこかのバランスシート全体を調べると、今日の状況下では農業の本質的な部分が密かに工業のなかに流れ込んでいるのが明らかになるでしょう。しかし、経済アソシエーションの下で、価格に見合った数の労働者がいずれかの部門で働くと、都市と田舎は今とはまったく異なった関係になるでしょう。経済アソシエーションの意味を人々は過小評価しています。

ですから、なぜ〈来たるべき日〉[*2]がアソシエーションではないのか、という質問に答えるのは簡単ではないのです。〈来たるべき日〉は、経済の歩みに影響を与えるほど力強くないからです。アソシエーションには一定の大きさが必要です。今日、〈来たるべき日〉は企業家と労働者のあいだで何をしようとしているのでしょうか。他所とは異なったことができるのは、〈来たるべき日〉の労働者すべてが労働組合から抜ける決意をする場合です。そうすると、労働者たちの側からも次第に事態が進展していきます。しかし、彼らがほかの労働者たちのようにストライキに参加するかぎり、労働者たちに理想を語ることはまったく不可能です。

経済アソシエーションをとおして、なによりも多くの工場が町から田舎に移転しますし、同様のことが経済アソシエーションの必然的な結果として生じます。

いたずらに村落経済があるのではありません。原始的経済においては、村落経済が唯一の経済形態です。ついで、それは市場《マーケット》に移行します。この名称は、人々が考えている以上に正しいものです。ついで、市場があり、そのまわりに村々があるなら、市場は供給と需要の原則下にあるとはいえ——やくざがいないかぎり——都市経済よりも経済的に害がずっと少ないのです。

都市経済をとおして、生産者と消費者の関係全体が根本的に変わりました。消費者と生産者との関係が明確でなくなり、その関係が混沌とすると、市場を調整する村はなくなります。人々が都市に住むと、そうなります。

生産者と消費者の関係は、人々がアソシエーションによって組織される以外には概観できません。ついで、関係が変化します。アソシエーションはオーガナイズするだけでなく、運営・管理するものだからです。アソシエーションの下で、個々の部分が健全になります。社会有機体の三部分が共同します。

長い時間の経過のなかで、とはいえ、あまりに長すぎない時間の経過のなかで、都市に行政機関と学校など、つまり精神生活と法律のいとなみが集まり、経済のいとなみと法律は分散するようになります。つまり、生活が空間的にも分割されるでしょう。しかし、三つのまったく異なった部分ではなく、都市は本質的に中央の大きな行政機関に精神生活が混沌と織り交ざった姿を示すでしょう。そして、経済のなかに、より小さな管理機関がもっと分散して存在するでしょう。これには、交通事情が今までよりも効率的になることが条件です。そうなっていないのは、生産者が都市に集まると生産のための交通は必要ないからです。

みなさん、三分節について語るのは簡単ではありません。多くの見解がそのなかにあるからです。何が生じるかを誰かに語ると、その人は「それを証明しろ」と言います。だれも私に、自分があす空腹になるかどうか、理論的に証明できません。しかし、経験から、自分があす空腹になることを知っています。そのように、正しい経済的思考とともに、正しい経済的予測も生まれます。ここで国民経済的思考と言っているものを、みなさんは現実的なものと見なければなりません。本当に生産的な思考を発展させはじめるのです。そうしないと、私はみなさんに「国民経済学はどんな国民経済的価値を有するか」と質問することになるでしょう。たんに考察するだけの国民経済学は、現実的に考える国民経済学とはまったく異なった国民経済的価値を持ちます。

＊2　Der Kommende Tag　シュタイナーの指導によって一九二〇年ドイツに設立された株式会社。

——仕立て屋は自給すると、自分の製品の価格を圧迫します。ボタンその他の部分の製造についてもそうですか。

シュタイナー　私は少年のころ、村に住んでいました。その村には、ビンダーさんという靴屋がいました。彼は流通機構を用いず、自分の作った長靴を自分で客のところに持っていきました。

長靴は何で出来ているでしょう。この場合、長い筒と甲の部分と底革と、靴屋から私たちのところまでの歩行から出来ています。靴屋の歩行も、その靴の一部です。筒か底革か歩行か、どれについて語っても同じです。分業は最初、歩行の部分を取り去ることによって生じました。仕立て屋の場合は、どんなものから服ができているのか、容易には分かりません。私は長靴を履くと、「ぼくは靴屋が歩いた道を行く」と思いました。

――私が自分でボタンを作ると、価格を圧迫しますか。

シュタイナー　事情によっては、あなたはほとんどを無駄にするでしょう。あなたはそんなにボタンを必要としないからです。

――私はボタンを必要とする、と仮定したいのです。

シュタイナー　あなたが何のためにその製品を必要とするかが問題です。その製品が現実の価値を得るようにするなら、あなたは何も失いません。

――私はそれを消費、つまり消滅のために必要とするのです。

シュタイナー　農業においては、別の方法で修正がなされます。分業が遂行されていたら、ここでもそうなっていたでしょう。しかし、分業によって製造されたものをあなたが手元に置いておくなら、価格を下げる作用をする可能性はほとんどないでしょう。

パン一個は、農業に非常に近いものです。とはいえ、私たちはパンに関して、ある経験をしました。私たちは善意から――戦前に――私たちの協会の会員に、衛生的でよいパンを作るよう勧めました。そのパンは私たち会員だけに引き渡され、ほかの人々は入手できませんでした。パンは高くなり、うまく行かなくなりました。

――それは上等のパンだったからです。

シュタイナー　もしも価格の相違が単に品質によるのなら、それは正当化できるでしょう。しかし、分業で作られる一般のパンと私たちの会員の作るパンとの価格の相違がとても大きくなったのです。彼は他のパン屋と違って、多くの人々に分配しない形で製造しました。彼は本質的に高く製造したのです。

――それはモードと、どう関係するのですか。

シュタイナー　そこでは、私たちはもはや経済の領域ではなく、美的な領域に入ります。経済的理由ではなく、美的感覚に関してあらゆる領域で分業が行なわれることに私は反対です。分業が例えば衣服の個々の部分にまで行なわれたら、身の毛がよだちます。

しかし、「私たちは自由な精神生活を貫かねばならない。それには、もちろん費用がかかる」と言わねばなりません。個々のものは高くなります。分業に関係しなかった個々の製品は高くなりますが、それで均衡が取られます。私は狂信者になろうとしているのでないことを、どうかご理解ください。

——経済上、妥当な数よりも著しく商人がたくさんいると、どうなりますか。

シュタイナー　私が言ったことは、経済的に妥当な数の商人がいることを前提としています。商人が一定数の場合、私たちにとって商人の作用が最も有利になります。それ以下だと、不利です。

——数は確定しているのですか。

シュタイナー　理性的に経営されると、商人の数は生産者の数と同様に確定します。今日、どこにも理性的な経済の原則はありません。いかに膨大な不必要な労働が行なわれているか、人々は考えていません。本の印刷を考えてみてください。この不必要な労働を節約していれば、自然な数に近づきます。不必要な労働を節約すると、ある部門で働いている人々の数が減ります。今日、生産者よりも商人が多く働いています。少なくとも、ドイツではそうです。

一定数の商人は、どこでも必要です。しかし、商人はしばしば覆い隠される、ということをよく考えねばなりません。商人はさまざまなものに置き換えられます。たとえば大市場が作られると、どれほど多くの商人が補充されるか、考えてみてください。こうして、まったく新しい国民経済的カテゴリーが創造されます。

第4セミナー

――なにかが目的を果たしたとき、人はまだ価値について語れますか。なにかが新たに国民経済プロセスのなかに入ると、それはどうなりますか。家の取り壊しは、人間の労働によって価値を低下することになりますか。この価値低下には、なんらかの意味がありますか、ないですか。新しい価値が創造されないときだけ、人間の労働をとおして価値が低下するのですか。

シュタイナー　たとえば、石炭と褐炭というテーマがあります。石炭は褐炭よりも物質として価値が高い、と思う人がいます。その人は、自分の命題を弁護する必要があるでしょう。

べつの命題は、いくらか大胆です。機械の仕事は原則的に値上がりを招かない、という命題です。みなさんはいろいろと反論なさるでしょう。潜水艦のような例外的現象を持ち出すことで、価値付与と価値低下の問いが尽きるのではありません。国民経済のプロセスのなかで必要な価値低下を、労働によって引き起こさねばならないということが大事です。

――（いろいろな質問）

シュタイナー　問題は――まったく経済的な意味でも――労働による価値形成と価値低下について語れるかどうかです。機械の価値が低下すると、それは国民経済的には消費です。ある労働が価値低下を目的としているかどうかが問題なのではありません。労働によってのみ引き起こされる価値低下が経済プロセスのなかで必要かどうかが問題です。

――労働による価値の低下には、あとからより高い価値を据えること（中間価値）が目的になっていると思われます。

シュタイナー　つぎのような例をあげることができます。しかし、それは絶対に異議の余地のないものではありません。日常的には、もっと簡単な例が普通です。労働によって撚糸を糸枠に巻きつけます。そうして、製品を作ります。労働を行なうことによって、撚糸が糸枠に巻かれます。仕事を続けると、ふたたび解かねばなりません。実際に労働が必要です。作られたものを、中間の仕事においてふたたび解くことが必要です。

――同じことが、製品の移動についても生じますか。

シュタイナー　あなたが鉄道を別の場所に移すと、そのようなことが行なわれるでしょう。あなたは第二の価値を正しいものにするために、最初の価値を低下させねばなりません。ここに鉄道があり、それをどこかに移動するとき、あなたは保管場所に移すことによって価値を低下させます。そのようなことが、いたるところに見出されます。それは必要な価値低下であり、そのためには労働が必要です。人々は通常、それに気づきません。しかし、それはいたるところに存在しています。機関車のために石炭をシャベルで掬う人を取り上げれば十分です。ボイラーマンは石炭をふたたび掬い出さねばなりません。たんに概念を形成したいなら、「これは連続的なプロセスだ」と、みなさんは言うことができます。しかし、それでは十分ではありません。連続的なプロセスは、直接には進行しません。プロセスの一部を行なって、ふたたびそのプロセスを破壊しなければならないときとは反対に、いたるところに石炭を準備したとき、この連続的プロセスにいくら要するか、見積もらねばなりません。

――古鉄を集め、売り、鋳なおし、ふたたび利用します。鋳なおすのも価値低下と言えますか。

シュタイナー　それはごみの価値低下と同じです。それは価値低下とは言えません。

――でも、あるプロセスは完結しています。

シュタイナー　はい。自然産物のようなあり方をしているものを、新たに利用することができます。価値低下のプロセスを引き起こすためには、人間の労働が必要です。鉄を溶かすのは崩壊プロセスではありません。たしかに、ものごとは不確かです。いろいろな把握が可能です。価値低下の所産として把握することもできるでしょう。

――戦争による価値低下、たとえば榴弾を使うのは単なる浪費ですか。

シュタイナー　勝者でない者たちにとっては、価値低下です。

——そもそも、戦争の装備に関して、経済的な意味で価値の形成について語ることができるのですか。

シュタイナー　その結果において、初めて国民経済的になりえます。軍需工業は、単に備蓄しているかぎりは、価値創造的ではありません。それは本来——必要とは言えませんが——破壊労働です。

——通常の需要を超える武器などは、たとえば終戦後は赤字を示しますか。

シュタイナー　戦争で生じる異常な消費は、ある経済共同体における年金生活者の消費に似ています。この消費は与えられたものです。その消費を正当化しようとするなら、あらゆるものを正当化できます。土地が他の住民に使われるよりも大きな収益を提供するとき、年金生活者の消費は正当化されます。経済的均衡を作ることに、場合によっては、年金生活者の消費はよいものです。この観点から、国防軍が国民経済的に正当化されます。国防軍が消費されないと、経済的均衡は存在せず、多くの失業者が残るしかないでしょう。国防軍は本来、なにも製造しないからです。

——国防軍は小麦などの消毒に似ていませんか。

シュタイナー　その見解はロートベルトゥス学派[*1]にあります。防衛は生産的要素に数えられています。なんらかの前提の下に国民経済を考えるか、あるいは、その前提なしに、または別の前提の下に考えるかが問題です。国防軍による防衛は必要ではない、と考えることもできます。しかし、消火器はなくなりません。それは朝食のように必要な消費に相当するからです。国防軍が絶対に必要だと思う人は、国防軍を必要な消費と見なすにちがいありません。そこで、消費について議論が始まります。奇妙なものを、絶対に欠くべからざるものだと思う人々がいます。そこでは、使用という概念が関与します。その概念は不安定です。

＊1　Johann Karl Rodbertus　ドイツの経済学者・政治家（一八〇五〜一八七五年）

——機械の仕事、たとえばタービンによる水力は人間の労働を節約します。機械の仕事は人間の労働のように評価されますか。

シュタイナー　つりあいの取れていない天秤を考えてみてください。梃子の一方の腕に重いものを載せると、他方の腕のほうは重さを変えなくてはなりません。軽いものによって、単に位置をとおして、大きなものの均衡を取れます。あなたがおっしゃる「機械の仕事」において、国民経済的な分配はそうです。行なわねばならない労働は、天秤におけるように、小さなものになります。しかし、実際になされる仕事の量は、機械の仕事においても常に見出されます。自然をとおして何かが勝手に果たされることはありません。石をなにかの上に置いて、石に仕事をさせようとするなら、みなさんは少なくとも石を取ってこなければなりません。みなさんはいつも、わずかではあっても労力を費やさなくてはなりません。

――機械の仕事は製品を高くしないのでしょう。

シュタイナー　あなたが労働を全体との関連において考察するなら、いたるところで割り当てを勘定に入れなくてはなりません。

――価値を低下させる労働は、国民経済プロセスのなかにどう入りますか。

シュタイナー　価値低下するにちがいない持続的な国民経済プロセスがあると――あなたが大きな理髪店を持っていて、もっぱら剃刀を研ぐ人を雇うとしましょう――そうすると、理容師の労働とは別の方法で、剃刀を研ぐ人の労働をバランスシートに記入しなければなりません。たしかに、これは外的に見ると労働ですが、国民経済プロセスのなかでは別様に、つまりマイナスに作用します。

――価値低下においては何が起きますか。それは贈与です。それには何も対価がないからです。

シュタイナー　ただ、価値に付ける記号が変わります。それはどこでも同じです。連続する国民経済プロセスのなかでプラスで示される価値があります。つぎに、価値低下をマイナスで示さねばなりません。なにも起こらないときは、ゼロです。

――新しい機械があるプロセスを代行すると、労働が節約されるので、製品は安くなります。価値形成的な労働か価値低下的な労働かは、まったくどちらでもいいのです。

シュタイナー　はい、同じ効果を取り出せます。しかし、価値創造と価値低下には、まだ区分があります。合計すると、もし機械がまだ用いられるなら、プラスの合計が出てくることが明らかです。問題はもっぱら、解消のために、つまり、すでに国民経済プロセスのなかに成立した価値を低下させるために労働を費やすことが必要かです。

――（質問不明）

シュタイナー　不明瞭な概念を残さないために、紅茶を一杯飲むことが経済的労働であるようにする必要があるでしょう。

――私にはそれは労働とは考えられません。

――食糧を摂ると、まず自分のなかに、さらなる仕事を引き起こすことのできる価値が創造されます。価値を創造する機械を作るのと同じです。

シュタイナー　人間のなかで起こるものを、国民経済のなかに算入するのは可能ではありません。それは、マルクス主義的理論にいたるでしょう。紅茶を一杯飲むことによって価値を生み出せる、つまり、それは経済的な労働である、と皆さんは考えています。

――精神労働者は経済的価値に支えられると食べていくことができ、精神的に活発あるいは新鮮になるでしょう。このような成果は、まずその人の内にとどまるでしょう。しかし、そこにとどまらず、成果は経済プロセスのなかに流れていきます。

シュタイナー　さらに何かが生じなければ、その成果は国民経済プロセスのなかに入っていきません。あなたは紅茶を一杯飲むことを生産的なものと見なしていません。あなたが何かを生産しようとするときにのみ、一杯の紅茶が経済的に問題になります。あなたは通常の食事のほかに紅茶を一杯飲むことによって、紅茶を一杯飲まないで働いたときよりももっと働くことができるでしょう。これを国民経済的な行為として把握できるかどうかです。

――私が紅茶を消費することによって、植民地で紅茶が摘まれます。私は価値を低下させて、新しい経済的価値が創造される可能性を作っているのです。

シュタイナー　ポジティブな意味で国民経済的な価値を確認したいなら、国民経済プロセスを続行するためにどれくらい消費が必要かという問いに取り組むと、あなたは別の水準にいたります。これは国民経済そのものとは関わりのない問いです。

――紅茶を一杯飲むことによって再び仕事を行なえるということを、「精神労働者は未来に向かっては生産者であり、過去に対しては消費者である」という話と同じ段階に置きたく思います。紅茶を摘む人は労働しています。私は紅茶を飲みます。私がふたたび仕事ができる状態になるために、紅茶の葉を摘む人は役立っています。

シュタイナー　そのように問うなら、紅茶の葉を摘む際に、紅茶は自然産物から経済的価値になります。経済的価値が発生します。しかし、紅茶を飲むときには、同じ意味で経済的価値が発生するか、消滅するか、どうでしょう。

――消滅して、価値低下します。

――私は、価値を改める、と言いたいです。

シュタイナー　この転換は本来、実行できません。そうすると、みなさんはどの消費も単に転換と言わねばならないからです。

――転換はエネルギーです。

シュタイナー　そうすると、私たちは国民経済の領域から出て、自然科学の領域に入ります。あなたの考えは、国民経済に属さない自然プロセスに行っています。

紅茶を飲むプロセスを取り上げてみてください。そこで作られる価値を、みなさんは国民経済プロセスから消し去ります。これは全然、問題ではありません。みなさんは紅茶によって強くなって、国民経済的な労働を行なう、と仮定したく思います。強くなること自体には、まだ価値はありません。

みなさんがその力を自然産物に用いると、価値が生じます。みなさんが自然産物に手を加えると、国民経済的な価値形成が始まります。価値形成においては、みなさんがもっと力強くなるかならないかという問いは発生しません。みなさんが力強くなったあとに、初めて価値形成は始まります。紅茶を飲むことによってみなさんのなかで起こるものは、みなさんが紅茶を飲むことでアスリートになっても、みなさんが国民経済プロセスのなかに運び込むものではありません。

この自然プロセスは、地所の価値と同様、除去されねばなりません。もちろん、みなさんはこのプロセスを介入させることができます。そうすると、人間の労働を用いることなく、国民経済プロセスのなかに蚯蚓《みみず》を入れるようなことに似てきます。蚯蚓が畑を行くと、畑は実り豊かになります。しかし、これを国民経済プロセスのなかに入れることはできません。みなさんが消費をとおしてもっと強くなることを価値の形成と見なすなら、労働のみが価値形成的である国民経済秩序のなかに人間が入るだろう、ということも分かるでしょう。労働は、自然あるいは人間精神と結びついてなされるものです。

人間のなか、あるいは自然のなかに存在するプロセスを国民経済のなかに入れると、国民経済を解明できません。

――そこでは、贈与はどう考察されますか。

シュタイナー 贈与に際しては、価値低下について語れます。贈与を受ける人間の能力だけに注目しているかぎり、国民経済については語れません。奨学金を与えるとき、その価値は、ふたたび現われるまで国民経済プロセスのなかで消え去ります。

――贈与がどのように作用するか、見ることができます。

シュタイナー　その作用は、計算式から取り去られる因数に強く依存します。そうでないと、例えば勤勉さを国民経済に算入しなければなりません。しかし、勤勉は国民経済的には虚構の価値でしょう。虚構であるだけでなく、ありえない価値でしょう。もし私が工場を持っていたら、労働者が怠けていると、道徳的な意味で叱るでしょう。国民経済的には、彼らが何も生産しないときに、私は初めて叱るでしょう。国民経済的には、彼らが製造するものだけが私に関係します。彼らが勤勉か怠け者かは、道徳的に私に関係します。

――分業による経済において初めて労働について語れるのですか。

シュタイナー　相互的な労働が始まると、国民経済的な労働について語れます。

――原始的な経済において、労働について語れますか。

シュタイナー　父が労働し、彼と妻と息子と娘が消費し、娘が別の仕事をするというふうに互いに労働すると、初めて労働について語れます。

――では、一体どのようにして労働という概念にいたるのですか。

シュタイナー　労働という概念は、国民経済的な意味においては、非常に容易に作られます。自然産物を消費するために、それを人間の活動をとおして変化させると、その概念が現われます。

――消費されるかどうかは、どちらでもいいのですか。

シュタイナー　少なくとも消費可能なものが作られねばなりません。そうすれば、それは価値を持ちます。

——オ知によって労働から価値が発生するとき、人は自然産物か対象物にも目を向けなくてはなりませんか。あるいは、その労働が向けられる対象が存在するかどうか、調べなくてはなりませんか。

シュタイナー　あなたはそこに対象を見ることはできません。場合によっては、あなたが関わるもののなかに永続する対象が存在しないからです。精神はもっぱら、労働の区分・分類に用いられます。そうすると、場合によっては人は対象と関わりません。

——そうすると、それは労働の概念のなかに入りません。

シュタイナー　それは二次的な概念です。労働は、自然産物を消費可能にするために用いられる人間的活動です。これが国民経済的な意味における労働です。これをあなたは最終的概念だと理解しなくてはなりません。精神はこの労働を編成することができます。関連する経済プロセスが自然産物から遠ざかっていくことがあります。そのプロセスは労働の分節・区分によって発生します。

――労働をとおしての価値低下はいつ生じますか。

シュタイナー　価値低下は、価値にとってのみマイナスです。消費能力に関しては、みなさんは後退しません。みなさんは価値授与に関して後退するだけです。

――消費能力に関して、高いプロセスから低いプロセスへの後退が存在します。

シュタイナー　あなたが、まず糸枠に糸を巻きつけるとします。そのためには労働が必要です。そこで、あなたは価値を形成します。ついで、あなたは糸を解きます。そこで、あなたは価値を破壊します。しかし、よく考察すると、生産物は消費されて、なくなります。労働の最終目的は消費可能な生産物だ、ということが分かるでしょう。労働に際しては、自然所与の事物を消費可能にすることが問題です。消費がなされるために、みなさんはそのような多くの経過を必要とします。価値低下が行なわれる消費に際して、必要な労働が行なわれます。

――無用の労働も、労働と言わねばなりません。その生産物は消費が可能な段階にもたらされたからです。

シュタイナー　もしあなたが国民経済的な労働の概念を得たいなら、そのように定義しなければなりません。しかし、国民経済的な労働の概念には価値はありません。労働を定義しただけです。国民経済においては、国民経済的な労働を論じることではなく、価値を創造することが大事です。

――授業する人は労働も行なっています。

シュタイナー　それは疑問です。そう簡単には答えられません。

――私が言っているのは自由な精神労働です。

シュタイナー　それは価値低下の領域に属しますが、労働による価値低下には属しません。

――しかし、それは未来に向けて生産的です。この目的に向けて、彼は労働を行ないます。

シュタイナー　そこで私たちは、労働の概念を常に繰り返し追跡する可能性を得ます。もちろん授業を、最高の度合いで、国民経済的価値と言わねばなりません。しかし、労働の概念を国民経済プロセスのなかで考えるとき、授業を労働と名付けると、この概念が保たれるかどうか、疑問です。授業を行なう者が語り、歩き、消耗することによって、もちろんすでに労働は行なわれています。一種の労働がなされます。

しかし、その労働は国民経済プロセスのなかに流れ込むものではありません。彼が行なった労働とは関連しないものが、国民経済プロセスのなかに流れ込みます。ですから、授業は普通とは大変異なった労働です。落ち着かない子どもは、ばたばたすることによって、たくさん仕事をしています。静かな調子で授業する人も、仕事をしています。しかし、その仕事は国民経済プロセスのなかに入っていかない、自由な精神活動なのです。

――労働の遂行に際して、ある人はうんと努力しながら達成するものが少なく、ほかの人は努力なしに成果をあげます。

シュタイナー　ある方面では、実際に客体に結びついた労働があります。その労働は、徐々に対象から自由になっていきます。自由な精神においては、労働は完全に対象から解き放たれています。該当者が「作る」のは些細なものです。教師の労働は国民経済プロセスのなかで考察の対象になるものではありません。彼の能力・教養などは国民経済的に考察されますが、彼の労働はそうではありません。

――なぜ自由な精神活動は価値を低下させるのですか。

シュタイナー　自由な精神活動は、一面では価値を創造するものをふたたび廃棄するという意味で、価値を低下させます。ローマ人はパンについてだけではなく、パンと遊びについて語りました。彼らは非常に繊細な本能的国民経済を持っていたのです。彼らは自らの観点から、パンと遊びを、社会有機体のなかに入ってくるべきものと考えました。「私がパン一個を作ると、そのパンはふたたび消え去るにちがいない。それとまったく同様に、パン製造のための労働は、遊ぶために行なわれる仕事をとおして、社会プロセスのなかでふたたび消え去らねばならない」と、彼らは思いました。

有機体が存在するところでは、いたるところ構築・崩壊があります。ここでも同様に、相互に消尽するのです。他面で行なわれる精神的活動が、いかにプロセスを継続せずに押し戻すかが分かります。ですから、私はそれを循環と名付けました。自然・労働・資本が繰り返し自らのなかに戻り、それがふたたび自然に帰ると、プロセス全体が止みます。

――私経済的な労働も、国民経済的概念のなかに含めることができますか。

シュタイナー　そうしなければなりません。私経済でも、確かにそうです。

――私は、私経済は国民経済の概念のなかに含められない、と思います。

シュタイナー　それは言葉が不明瞭だからです。私経済の総合を国民経済と名付けているところに不明瞭さがあります。もっと上位の概念を持たねばなりません。

――労働は一定の対象を消費可能にするために、その対象に向ける活動にすぎないのですか。

シュタイナー　そうです。国民経済においては抽象的な哲学的定義をしないことが大事だ、と私は言いたいのです。国民経済においては「正しい概念」を形成することではなく、「使用可能な概念」を形成することが大事です。国民経済学者ロレンツ・フォン・シュタイン[*2]は、みごとに鋭い概念を形成しました。しかし、群衆は経済哲学にしか関心がない、と言えます。彼らは国民経済学を利用していません。

＊2　Lorenz von Stein　ドイツの法学者・経済学者・社会学者（一八一五〜一八九〇年）

第5セミナー

――為替相場の変動には、背後に一定の人々がいるのではないですか。

シュタイナー　はい、それは原因の一部です。何が主な原因なのかを言うのは大変困難です。時代によって大きく変化してきたからです。為替相場のなかに、多様な原因が流れ込みます。近年の為替相場の損失は、自国における金本位制と紙幣本位との食い違いが主な原因です。

本質的に、為替相場の弱い国々での金本位制は、もはや決定的な役割りを演じません。それに対して、為替相場の良好な国々には、資金準備があります。金本位制の国々は、信用状態が他の国々とは異なっています。為替相場の問いは、まず信用の問題です。ある経済領域での信用が損なわれると、金融市場に合わせて、信用枠を下げることがあります。

今日のドイツ・マルクの暴落には理由がないことが明らかです。国の思惑が共同しているのです。すべてが、為替相場を険しい状態にもたらします。そうなると、オーストリアのようになります。ロシアの状況は簡単には説明できません。

オーストリアとドイツでは、金保有高の減少、クレジットの減少、自国の思惑から、いまのような事態が発生しました。ドイツでは輸出を見込み、オーストリアでは外国の資産を抑制しようとして、もっと高くなっています。オーストリアでは、国内にあるフラン、ドルなどによって、クローネが下落しました。為替相場の高い通貨がさらに上昇しなければ、このようなことはありえません。このような状態が国内で継続されると、事態は果てしないものになっていきます。

戦争中、ドイツ・マルクを異常にたくさん集めた国家が外国で金を調達したのは災いでした。国民のところには金がなくなりました。これが本質的なことです。今日、帝国中央銀行の金保有高は、戦前の国民全体の金保有高と比較できるだけです。

もちろん、ほかの要因も加わりました。しかし、それらはまったく把握されていません。一定の通貨を国のなかにとどめておけばいいのです。それが為替相場に作用します。国外における為替相場にしたがって、加速あるいは遅延が可能です。それに従って、外貨の乏しい国の為替相場が下落します。この側面から、個人が気軽に他国を害するゲームをします。国固有の負債がどれほどの原因であるかは、確定することが困難です。

——為替相場の悲惨は、不況の国が他国に対して支払いバランスシートを変更したのが原因だ、と多くの人が言います。

シュタイナー　それはドイツやオーストリアにおけるような価値低下を招くことはないでしょう。金本位制と紙幣との相違は外面だけだ、という意見は正しくありません。戦前には紙幣本位が金本位制に援護されていたという事実があるからです。これが現実の経済的事実です。正貨準備があるかぎり、本質的にインフレは発生しません。

金がなくなると、インフレになります。金本位制を計算に入れる必要性を人々が感じなかったので、あの無意味なインフレが起こったのです。私たちはイギリスの力をとおして金本位制を有するので、本質的に金の跳ね上がりに左右されます。まず、その原因が生じ、ついで信用が損なわれます。

為替相場の価値低下の原因は、すでに戦前にありました。ドイツは金詰まりで崩壊するだろう、と戦争中いつも言われました。戦争中は、そうなりませんでした。しかし、戦争が終わり、経済的に国境がいくらか開かれると、戦争中に形成されたものが考慮の対象になりました。これが雪崩現象を引き起こしました。あらゆる原因が共同しました。バランスシートの数字が名数になったとき、初めて人々は国際収支を引き合いに出しました。それは単なる差額ではありません。

――金本位制が存在するかぎり、金は外国に移り、貨幣の価値を低下させます。

シュタイナー　私たちの経済状況が今日のように金本位制を基盤にしていると、金を保有しない国々の生産物の査定は、金を保有する国々に左右されます。貨幣の価値も、それらの国々に左右されます。私たちは世界の根本的変革から、ものごとをよく把握できます。しかし、人々が「秘密の原因」を見出したいと思うほど、作用は途方もないものです。けれども、為替相場の価値低下の真相は、人々が言うほど隠れてはいません。本当に奇妙なことに、人々は今日まったくものごとを評価できないだけなのです。

戦争が終わったあと、私はしばしば「ものごとを適切に考察する人は、一九一四年以後の何年かに何世紀分もの変化を私たちが体験したことを見出す」と語りました。昔のままにとどまっているものがあるのは、時代錯誤のように思われます。本質的に一九一四年当時のように語っているのは時代おくれです。

歴史を振り返るとき、人々は通常、大きな時空を見渡します。たとえば、一五世紀・一六世紀のイギリスにおける穀物の価格の変動を研究してみてください。そうすれば、わりと静かな変化に際しても、穀物の価格は通常価格の二〇倍まで変動したのが分かるでしょう。一九一四年以来生じたことがらをどう評価しなければならないか、みなさんはそこから推定できます。人々はそのようなことを信じません。生活の質に対する感覚を持っていないからです。

のちに、貨幣が仮面を剥いだのを目にして、初めて人々は気づきました。貨幣は不正直な相棒です。人々は自分の財布を査定する本能しか持っていません。事態が明らかになったとき、人々は初めて為替相場の急激な低下に気づきます。人間は貨幣でしか考えません。

ロシアを取り上げてみてください。レーニンにいたるまで「父なるツァー」の意向に貫かれたロシアの生活の総体を取り上げてみてください。根本的に、ロシアの為替相場の価値低下は、生活のなかで生じたもののバロメーターにすぎません。ものごとはそんなに不可解ではありません。作用はまったく恐ろしいものであり、もっと恐ろしいものになります。しかし、その他の出来事から、状況がよく理解できます。

——今日、事実上、世界経済が存在しますか。

シュタイナー　そのように言い表わすことはできません。まず、戦前の状態を取り上げねばなりません。そこには高度に、世界経済的な方向への動きがありました。国際的な小切手取引を取り上げてみましょう。そうすれば、すでにどれほどまで世界経済が達成されているかが分かるでしょう。人間の思考は、この世界経済の発生のあとを追いました。人々はまだ、国民経済の定義にとどまりました。思考によって事実を理解していたら、関税障壁による厄介な事態は戦前に現われていなかったでしょう。これはすでに、ヴェルサイユ体制の方向にありました。人々は思考によってあとを追おうとはしませんでした。人々は事実を訂正しようとしたのです。なにかの調子が合わないと、関税を課しました。しかし、関税障壁にも関わらず、私たちは世界経済を高度に達成したのです。

すでに高度の世界経済が存在するなら、みなさんがドルナッハからバーゼルまで路面電車で行かれるときの運賃がアメリカの状況に依存します。

さて、突然に戦争による遮断が生じ、すでに形成されていた通商に合わない事態が発生しました。

人々は思考によって事態を理解しようとせず、ヴェルサイユ条約では、ものごとをまったく昔のスタイルで訂正することが試みられました。オーストリアの分割は、まったく割りに合いません。たとえば、オーストリアの汽船航行は石炭の価格にまったく合いません。

世界経済がすでに高度に存在しているのに、古い思想で事実を強制する発作的な試みが行なわれたときに混沌が生じました。ふたたび国民経済が誕生する、と人々は偏狭な思考によって思ったのです。しかし、そうはなりませんでした。為替相場の変動に強く作用したものが、世界経済が存在することを証明します。オーストリアには世界中のあらゆる価値があり、それらの価値によって世界経済に影響を与えることができます。これが今日、世界経済を簡単に無視するわけにはいかないことを証明します。

――ロシアを発展させるために、アメリカがロシアに借款を与えると――鉄道が敷かれたりして――その結果、貨幣はロシアに納まり、アメリカ人は所有者でありながら、資産は戻ってきません。

シュタイナー　もしアメリカがその金銭を犠牲にしようとすると、贈与が行なわれます。大きな貸付が行なわれると、贈与が発生せざるを得ません。しかしアメリカは、さらなる戦争あるいは経済的な紛糾が生じないという担保をヨーロッパが差し出すまでは、ヨーロッパを助ける決意をしないでしょう。アメリカは援助すれば、自らの経済が健全になるので、得をします。アメリカが援助しない唯一の理由は、「私がつぎ込むものは失われる」という光景をヨーロッパが呈しているからです。アメリカでは人々は借款を恐れています。ヨーロッパで次第に、ふたたびもっと対人信用ができないと、借款はなされないでしょう。勤勉な人々がいると思われたら、ヨーロッパはすぐに援助されます。

ラーテナウ[*1]もヴィルト[*2]も勤勉な人間ではありません。特に協商国[*3]と戦勝国において、戦前には何も関与しなかった新しい人々が指導的な地位に就き、先に名を挙げた人々が公的な生活から去ったら、ヨーロッパは助けられるでしょう。そのとき、ヨーロッパは対人信用を有するでしょう。対物信用はもはや存在せず、対人信用が対物信用を高めねばなりません。そうすると、ゆっくりとした上昇が可能でしょう。いつかクローネとマルクが高くなると、まったく異なった気分が現われるでしょう。そうして、さらなる上昇へのさまざまなきっかけが再び現われるでしょう。しかし、モラルの水準は大きく沈みました。

＊1　Walter Rathenau　ドイツの政治家（一八六七〜一九二二年）

＊2　Joseph Wirth　ドイツの政治家（一八七九〜一九五六年）

＊3　三国協商を結んだイギリス、フランス、ロシアのこと。三国同盟（ドイツ、オーストリア、イタリア）との対立が第一次世界大戦の背景にあった。

——為替相場の惨状の原因についての世論調査によると、矛盾する答えが出ています。

シュタイナー　問題は、すべてが不正だったのではなく、すべてが正当であったというところにあります。すべてが、自らの経験から部分的な原因を言い当てました。これがみなさんに、経済アソシエーションの必要性を証明します。経済のいとなみにおいては、一人が総合的な判断を下せる可能性は全然ありません。人々は、たいてい正しかったのです。

しかし、最も正しかったのは、深い原因、道徳に似たことがらを示唆しトーマス・エジソンだと、私は思います。彼はまったく経済的に思考できました。彼は、「店に雇う人々をどのような原則に従って受け入れるか、というのが主要事だ。経験豊かな商人は応募した人々に、業務遂行にまったく関係ない質問をする。勤勉であれば、業務を遂行できる。私が質問するのは、彼らが学校で学んだことをまだ覚えているか、忘れたかだ。質問された人がまったく無意味なことを言うと、その人は十分に開かれた頭をしていない、ということが分かる」と言いました。エジソンは人を雇うとき、そのような質問をしました。

ものごとを実際的に把握すると、小麦とライ麦を区別できない人を雇って事務をさせるか、区別できる人を雇うかでは、いくらか異なります。このようなことを今日、人々は信じません。向日葵《ひまわり》のことを知らなくても勤勉な帳簿係であれる、と信じています。エジソンの提案は非常に適切だ、と私は思います。彼の提案は経済的であり、いかに精神が労働に大事かを示しています。

――新しい国民経済学が築かれねばならないと信じている人々は、何を求めているのですか。

シュタイナー　問題は、部分的国民経済から世界経済への、この五〇年来の移行を本当に把握することであり、古い国民経済のカテゴリーで研究しつづけるのではなく、いままでなかったもの、思考からのみ創造されうるものが今日創造されねばならない、と理解することです。

昔の国民経済を取り上げてみましょう。それらを並べてみます。昔は、国民経済が並列的に存在していたのです。この状態は、領土が簡単に征服された時代に存在していました。距離は問題ではありません。まだ未開のころのフランスを考えることができます。空地を発見したフランク族が移住してきました。

そこには、人間が文化を有した比較的閉じられた領域に来たときとは、まったく別の国民経済的状態がありました。西ゴート族はフランク族とは別の運命を体験しました。

離れ離れになっている国民経済の最大の例が、イギリスとインド＝植民地との関係です。離れ離れの国民経済が征服、平和裏の征服によって共有されました。これが第一の状態です。

領土がたがいに境を接し、独立した国民経済になっているのが、第二の状態です。国民経済の意味でもはや並存できないことによって閉じられた領域が作られると、第三の状態です。

ここでは完全な荒れ地は考慮に入れていません。私たちが根本的な変革期にいることに注意しなければなりません。最も大事なのは、世界経済の要求を私たちが身に付けねばならないことです。国民経済のなかであらゆるものごとを理解しなおすことが大事です。

非常に興味深い例があります。シュペングラーの『西洋の没落』[*4]のなかに経済の章があります。シュペングラーは本当に秀でた概観を語っていますが、しかし、現実においてものごとはどうであるか、予感していません。彼の概念はまったく現実と一致していません。第二巻のなかの経済に関する部分は特に悪いものです。

シュペングラーは、古代の経済領域がいかに経営されていたかについては、比較的よく洞察しています。彼は一面では農夫の自然経済を非常によく理解しています。他方では、現代の経済のいとなみの洞察も悪くありません。彼はファウスト的なものとホメロス風のものを区別していますが、これは媚びです。

シュペングラーのように才気ある人間でも、かつて克服されたものが後代のものに入り込んでいるように見えること、彼が古代の国民経済と名付けるものが私たちのもとに存在していることに思いいたらないのです。

私が「購入貨幣」と名づけたものに目を向けると、シュペングラーが古代のものと言うものが、いたるところに存在しています。ただ、形をいくらか変えただけです。以前は人々は「素材貨幣」を作ったのに対して、今日では「機能貨幣」しかない、と彼は信じています。私たちの貨幣は素材貨幣と機能貨幣との関係が見通されるようにならねばならない、と信じています。このような色気のある概念で彼は書いており、現実と一致する概念にいたっていません。ですから、シュペングラーの概念には華やかさがあります。この華やかさと、他方では──彼が概念を入り乱れてもたらすように──混乱したものは、免疫のない者にとって危険です。私たちの思考は、求められている状況についていかねばなりません。

通常の征服、並列した経済、本来の自然経済という三つが並んでいます。自然経済は、私たちが貨幣をあらゆるものに用いることによって隠されています。

「唯名論者」と「重金主義者」のあいだの論争があるのです。唯名論者は、貨幣は単にしるしであるという意見です。つまり、貨幣の素材には価値がなく、貨幣に記されている金額にのみ価値がある、という意見です。重金主義者は反対に、貨幣を形作る素材の価値が本質的なものだという意見です。

このようなことについて、人々は争っています。事実はこうです。「農業ならびに類似のものに関わる領域では、貨幣の機能に関して、重金主義者が正しい。それに対して、工業と自由な精神生活においては唯名論者が正しい。そこでは、唯名論者が貨幣に与えた役割を貨幣が演じる」。ついで、両者が入り乱れて戯れます。このようなことを、私たちは把握する必要があります。私たちは複雑な生活をしているのに、人々は簡単なことで争っています。

＊4　Der Untergang des Abendlandes　ドイツの哲学者オスヴァルト・シュペングラー（一八八〇〜一九三六年）の代表作。邦訳、五月書房。

――自然産物・労働・資本という相互の動きを私は理解できません。生産手段はすでに変化を遂げています。

シュタイナー　変化は、生産手段が商品であることをやめるときに初めて意味を持ちます。生産手段は、生産するものになるまで、商品にとどまります。生産しはじめると、国民経済の流れが変化します。そのとき、生産手段は商品であったときの関連から取り出されます。『社会問題の核心』のなかに私は、生産手段はもはや価格を持たなくなるので、自然と同様になる、と述べました。生産手段は経済プロセスのなかで、単なる自然のように存在します。生産手段は自然に戻ります。

——それはバランスシートに表現されますか。

シュタイナー　この価値の消失のことを、あなたはおっしゃっているのですか。それは異常な場合にだけ、バランスシートに表現されます。生産手段の総計が崩壊すると、もっと手際のよい別の人が事業を継承し、目的を達成します。この二つのバランスシート、つまり崩壊するものと継続するものを並べると、部分的な価値低下の現象が呼び出されるのが見出されます。

崩壊をとおして、第二の人物は——単純に崩壊のプロセスをとおして——生産手段の総体を通常よりも安く買いました。こうして、彼は一部を贈与されて得るのです。それはバランスシートに表現されるでしょう。そのような経過の結果を、バランスシートのさらなる経過のなかで追っていくと、そのなかに本質的に安い、つまり部分的に無料でなされた作業があります。そのように、計算によって証明されます。

——（質問不明）

シュタイナー　あなたが資本を企業に注入すると、それは国民経済的には、あなたの資本が企業のなかにないときとは本質的に別のことを意味する、ということを忘れてはなりません。資本が企業のなかにあると、ないときとはまったく別の動因が働きます。資本がないということも、根本的には仮象にすぎません。

「企業に差し込まれていない資本、貸付資本はどこにあるのか」と、問うことができます。その資本は産品・地代として存在しているのです。だれかが金銭を自分で持っていたいなら、その金銭を国民経済プロセスからしばらく取り出さねばなりません。そうすることによって張力が呼び出され、その金銭は別の価値に面して手放されます。その人は損をします。貨幣は漸進的に価値を低下するからです。

健全な方法で経済活動をするなら、正しい状態が発生します。たとえば賃金の問題の扱い方が、今日ではしばしば滑稽です。高い賃金を要求し、生産条件が高くなります。そうすると、賃金がふたたび十分ではなくなります。もっと高い賃金が要求されます。このように、どこに向かっていくのか、人々は知りません。このようにして、人々は自分を騙します。それに対して経済アソシエーションのなかでは――賃金というぴったりしない表現を用いれば――適切な賃金が発生します。誤った賃金は発生しません。

――なぜ賃金が「発生」しなければならないのですか。

シュタイナー　労働者が平均して一日二フラン得ている、ということを一度調べてみてください。そうすると、「それは非常に低賃金だ」と言うことができます。その賃金は、二フラン以上になることなしに、どうやって非常に高い賃金になれるでしょう。

――生産物が安くなることによってです。

シュタイナー　そこで初めて、末端価格が得られます。そうすると、私が述べたことが生じるのが、あなたには分かるでしょう。本末を転倒してはなりません。「二フランのままにしておこう。しかし、どのような状況下で、二フランは今日よりも二倍か三倍の給料になるか」と問わねばなりません。みなさんは動的な状態から出発しなければなりません。人々はいつも、静的な状態から出発します。そうして人々は、静止している事物が動きを呼び出すことを欲します。

第6セミナー

――貨幣は次第に消耗するのですか。購入代金としても、そうですか。

シュタイナー　決済のための貨幣は、最後まで同じ価値を持ちます。この問題は、流通の技術的問題、方法の問題です。貨幣の漸次的消耗は、簡単には思い浮かべられません。暫時的消耗には非常に官僚的な組織が必要です。

私は綱領的に処置したいのではありません。現にあるものを言いたいだけです。経済的な道で地上にパラダイスを作ることはできない、というのが私の認識です。楽園は作れません。できるだけ良いものが作られるだけです。

できるだけ良い状態にいたらないのは何が原因か、と問わねばなりません。国民経済の個々のファクターが、さまざまな場所で自らの正しい価値を通用できていないことが原因です。今日、精神労働者は、国民経済全体にとって必要な仕方で支払われてはいません。精神労働者の報酬は高すぎるか低すぎるかです。その両方があります。報酬が少なすぎると、低すぎる報酬によって価格が不健全な方法で変化することになります。報酬が高すぎる場合も同様です。修正がなされねばなりません。

国民経済のなかで――フェルスター[1]のような考えを考慮せずに――どのファクターがこの転換、この流通を可能にするかだけが問題です。単に商品にとってだけでなく、精神的組織にとっても、自由な精神生活にとっても妥当な価格の商取引を可能にすることが大事です。

ここから、「貨幣は古くならねばならない」という結論になります。それをどのような方法で技術的に遂行できるかが問題です。貨幣を次第に使い古すには、一定の時期に役所で紙幣クーポンを引きちぎるしかありません。そのために、非常に複雑な官僚的組織が現われるでしょう。

しかし、そのような外的なしるしによって使い古すことが問題なのではなく、現実の経過がおのずと価値の変化を引き起こすことが大事です。みなさんがあらゆる貨幣に多かれ少なかれ「交換」の性格を与えると、そうなります。その場合、最終期限があることが大事です。その期限は、もちろん抽象的に算出されるのではありません。一定の時期を仮定して、初めは大体のところを決めます。そうして、適切な期限にいたるまで修正しなければなりません。

旧約聖書の「ヨベルの年[2]」の行為は、貨幣の老化によく似ています。負債全部が免除されるのです。あらゆる負債の徹底的な免除によって、国民経済的に有害な資産あるいは資本もすべて廃止されます。それは――ヨベルの年までの期間はどれくらいか覚えていらっしゃるでしょうが――七〇年ごとです。このヨベルの年は族長の年齢を決めたことによって、先験的に決められましたが、今日の世界経済にとって必要なものです。いまは聖書にそう書いてあったか思い出せませんが、いずれにしても、もともとは人間の年齢を決めるという慣習でした。

人生の経過を取り上げると、青少年期における贈与資本、ついで貸付資本、そして商業資本つまり流通資本があるということを正しく計算したからです。熟年になってから稼ぐもの、老年になるまで稼ぐものを青年期に消費する権利を人間が有することが想定されました。当時は、これは一種の貸与と見なされました。

世界経済においては、期間が本質的に延長されました。しかし、次第に貨幣が老朽化すると、銀行券には発行年が記されているので、現実の国民経済の流通において、だんだん利用できなくなっていきます。時が経つほど、利用できなくなっていきます。

利用価値の減少によって、それは次第に贈与貨幣に移行し、ついで、ふたたび若い貨幣記号に戻ります。新たな貨幣記号が発行されるのです。それはアソシエーションによってなされねばなりません。

可能なかぎり自然産物に近い産品においては、他の価格公式の労働者よりも収入が多くないにもかかわらず、労働は最高の価値を持ちます。ついで、労働は国民経済の流通のなかで最高の価値を有します。その一部のみが労働する者に渡り、他の部分は余すところなく経済プロセスのなかに入ります。個々のものから、私腹を肥やす可能性が取り去られます。

＊1　Friedrich Wilhelm Foerster　ドイツの教育学者（一八六九～一九六六年）。著書に『政治・倫理・政治教育』『権威と自由』など。

＊2　Jubeljahr　ユダヤ民族がカナンの地に入った年から五〇年ごとの安息年（「レビ記」二五章）。

――新鮮な貨幣と老朽化した貨幣が同じ購買力を持つと、貨幣の使われ方はどのように異なりますか。

シュタイナー　あなたが新鮮な貨幣で事業を始めると、新鮮な貨幣を差し込むことによって、その事業を長期間展開することができます。老朽化した貨幣では同じ方法で長期間展開できません。

――（質問不明）

シュタイナー 「私が自分の生産手段を買うと、私は金銭の代わりに生産手段を得て、私が手放した貨幣は他人が所有する」と、あなたはおっしゃりたいのですか。生産のなかに入り込んだ貨幣は、もちろん、その中にとどまるにちがいありません。この貨幣は場合によっては変化しますし、消費されるかぎりは変化しません。同じ土台に基づく企業のなかでは一定の年代の貨幣しか用いられないように、アソシエーションが配慮します。

生産のために貸与される貨幣は戻ってこずに、生産のなかにとどまります。生産手段を売ることができると、貨幣は若返ります。生産手段を売ることができないと、貨幣はその年齢にとどまります。

現実的に思考すると、「どのようにして貨幣がその年齢を保つようにするのか」という問いは出てきません。「そうならねばならない。対策が施されなければならない」と言うようになるでしょう。これは技術的な問題なのです。

もちろん、「このようなことは思弁によって扱われる可能性があるだろう。しかし、そのような共同体においては、思弁の勢力は、貨幣に不定の長い価値を与える社会におけるよりもずっと少ないだろう」と言われるかもしれません。

実際は、貨幣は使い古されるのです。そうでないと、「プロイセン国の債務はなんと大きいことか。私はわずかの資本を複利付きで投資しよう。その資本はやがてプロイセン国の債務を補填できるだろう」と思うポメラニア[*1]の農民が正しいことになります。決して、そうはなりません。相応の補填を必要とするこの総額を補償する義務を負う人々がいなくなっていくからです。保証人たちが消え去り、プロイセン国家は一銭も得ません。

純粋な貨幣が使い古されるのが分かります。現実に起こっていることを理性的に受け入れることが大事です。そして、理性的でないために害を引き起こすものを理性的に扱うことが大事です。ですから、私は「現実のみを考察した。アジテーション的に、こうあるべきだとは言わなかった。現実を見て、どのように世界経済を立て直すか、と問うことが重要だ」と言うことができます。

＊1　Pomerania　ポーランド北西部からドイツ北東端の沿岸地方。ポンメル、ポモジェ。

——国家と貨幣の関係はどのようですか。

シュタイナー　きのう述べたように、帝国中央銀行は不可能になりました。贈与貨幣を得た者たちと、労働とくに耕作をとおして新しい商品の発端を作る者たちとのあいだに銀行インスティチュートが現われるでしょう。この若がえりが、国家から経済に移行するでしょう。経済に移行することによって貨幣が若返るという決まりは、国家の方針ではなく、別の経済的対策と関連します。

ものごとは正しい場所で起こらないと、隠されます。私たちなら、国家財政的な処置を経済的な対策に転換していたでしょう。国庫は経済アソシエーションよりも経済的に勝る可能性が少ないでしょう。

――べつの貨幣制度の基盤はどこにあるのですか。

シュタイナー　紙幣と貨幣代替物すべてが非常に類似することによって、その基盤は作られます。今日の種々雑多な制度は、恣意的な対策によってもたらされたものです。国家銀行券とあらゆる貨幣代替物は、たがいに似たものになるでしょう。人々は統一的な貨幣を持つでしょう。その貨幣にとって、何で出来ているかはどうでもよいことでしょう。その貨幣はプロセスの終わりに、純粋に唯名論的な性格を得るからです。それから、その貨幣は元に戻って、初めから持たねばならなかった重金主義的性格を得ます。通貨は、絶えざる流れのなかにあるものです。通貨は国民経済的プロセスの特徴に完全に適合するでしょう。

——あなたは以前、利用可能な生産手段を通貨の基盤として称賛しませんでしたか。

シュタイナー　一定の貨幣・価値の激変が生じるのはなぜか、よく考えましょう。使用可能な生産手段が価値を与えます。使用可能な生産手段が非常に少なくて、早く回転させなければならない、としましょう。生産手段が少ないので、いたるところで貨幣が堰き止められ、購入代金がいたるところで後退するでしょう。使用できる生産手段がたくさんあると、循環は別様になり、この貨幣に高い価値を付加するでしょう。

——なにか固定したものを、金のように素材として受け入れねばなりませんか。

シュタイナー　私が見るかぎりでは、根本的に、貨幣の材料は何でもよいでしょう。ですから、価値の形成される紀元年数を紙に記すこともできます。金のような貨幣本位が必要だとは、私には思えません。ふたたび特殊な国民経済が形成されるところでのみ、金本位制は可能になるでしょう。しかし、世界経済が存在するかぎり、好きな材料で貨幣を作ることが可能です。経済が解放され、世界経済が実現します。

私の言うことが実現すると、貨幣はどんなものになるでしょう。貨幣は、全経済領域を駆け巡る「簿記」になるのです。貨幣は変動する一個の簿記なのです。貨幣を何で作るかによって、装飾的価値以外のものが生じるべきか、私は洞察できません。

——金は尺度になるでしょう。

シュタイナー　そうはなりません。貨幣の流通全体が簿記へと移ることが根本です。みなさんは、ある項目を資産のページから負債のページに移す代わりに、貨幣を渡します。

——金でなくてもいいのです。最終的に金をとどめておくことによって、価値低下が回避できるからです。

シュタイナー　金の買い手がいれば、そうです。買い手がいなければなりません。つまり、購買が有利でなくてはなりません。人々はさらに余分に不必要な計算をしなくてはならないでしょう。それは何の助けにもならないでしょう。たとえば、金で装飾品を作ると、錯覚が生じることがあるでしょう。

このことを、国民経済自体の目的のために考慮しなくてはなりません。今日では部分的な観察しかなされておらず、国民経済学における思弁も不十分です。方法も観察も不十分です。

――商業資本か産業資本か、どちらの資本が国民経済的に最初に発生したのですか。

シュタイナー　最初は、もちろん商業資本です。原始的な村の状態に戻ると、産業資本は比較的少ないのです。村の手工業者は農民よりも多く稼いでいません。それに対して、商売をする人はいくらか蓄えます。そうして、彼らは貸すことができます。それが進展します。そうできないと、資本は発生しないからです。産業資本は根本的に、第三の位置に発生します。

――スイスは国民経済か世界経済か、どちらに行かねばならないでしょう。多くの国に、国民経済に戻る傾向がないでしょうか。

シュタイナー　スイスは早く世界経済に移行しすぎてうまく行っていない、とお考えですか。そうは言えません。スイス経済は自然な方法で世界経済的な正当性を試されていないからです。

みなさんが隣国の「好意」とおっしゃるものは、不自然な方法で、戦争をとおして引き起こされました。一九一四年までのように順調に発展できていたら、スイス経済は損失を受けていなかったでしょう。当時しだいに現われた損害は、もちろん生じたでしょう。その損害が次第に明らかになり、その結果、人々は平和に連合へと突き進んでいったにちがいないでしょう。

スイスはわずかしか問題にされない、と言わねばなりません。いま私たちは、世界経済への傾向に関わっています。しかし、国家の力に覆われた国民経済領域の政治的意図から絶えざる妨害がやってきます。今日、世界経済を妨げているのは政治的意図なのです。政治はすべてを、ふたたび国民経済に戻そうとしはじめました。

そこでは、私たちはスイスを実例として挙げることはできません。スイスは政治的には無力すぎるからです。他国の人々は、自分が言いたいことをスイスも言うだろうということが分かると、スイスが話に加わることを許します。

ですから、スイスは例にできません。例にできるのはアメリカです。アメリカは国民経済へと向かい、世界経済的な形態が妨げられます。場合によっては、アメリカの国民経済的傾向を克服するのは非常に困難になるでしょう。

今日のイギリスのような領域で、世界経済への傾向が展開できます。イギリスは表面的には国民経済でも、実際には世界経済を有しています。イギリス、インド、南アフリカ、オーストラリアなどです。たしかにイギリスは全世界の経済を有してはいませんが、全世界で必要な種類の経済、経済の要件を有しています。それらをイギリスは、世界経済の精神を受け入れて、総合的にまとめねばなりません。そうすると、経済的発展の継続のなかで、必然的に世界経済へと導かれます。時が経つうちに、北米の政治もそれに順応しなければならないでしょう。経済は頭の固い人間に膨大な要求をするからです。人間は世界経済に順応しなければなりません。

単に国民経済的な意味で労働することを続けると、イギリスはまったく前進できないでしょう。みなさんは本来の拮抗作用を、イギリスとアメリカのあいだに探求しなくてはなりません。スイスはまったく基準になりません。

——イギリスの王冠についている宝石の価値が、その珍しさではなく、人間の労働によってのみ説明できるとは考えられません。

シュタイナー　人間の労働あるいは人間の才知が費やされることをとおしてのみ、国民経済的な価値が発生します。そうすることによってのみ、国民経済的な価値が分業のなかに発生します。

今日の状態で、だれかが一〇〇万保持しようとすると、そうできます。一〇〇万蓄積できます。一〇〇万を箪笥《たんす》貯金できます。この箪笥貯金を、他の行為と取り替えることができます。人為的に、なにか珍しい産物に金と同じ価値を置いて、それを流通させることができます。そうすると、単に因襲的な命令によって価値を付し、自分の精神の気に入った対象物に適当な価値を付与します。これが、もっぱら精神的措置の影響下に起こることがあります。珍品という概念は国民経済的な精神の概念のなかで解消します。

——三部分の分離を実行するのは不可能でしょう。三分節の課題は、三つの領域の有害な作用が重なっているときに、それらをたがいに分離するというネガティブなものであって、あまり構築的なものではありえないでしょう。特に三つの領域の境界では、なにも表象できないでしょう。こうして、経済のいとなみは技術的なものに限定されます。

シュタイナー　このような反論をする人の思考は十分に鍛えられていません。今日の教育施設で思考が鍛練されていないのが、大きな問題です。人々は概念をきれいに並べることしかできません。

人体は三つに分節されています。視神経は神経・感覚系に属しています。しかし、視神経は、特に睡眠中に栄養系・新陳代謝系から栄養を与えられないと存続できないでしょう。もし栄養プロセスが進行せず、吸った息が脊髄管を通って視神経に行かず、循環プロセスが行なわれないと、存続できないでしょう。人体のなかで、いろいろな器官が主に神経・感覚系あるいは栄養系あるいは律動系に属しているのです。

社会有機体においても、そうです。経済有機体のなかに、他の二つのシステムが関与することが必要です。しかし、それにも関わらず、本質的に感覚・神経系は頭に向かって位置し、頭の栄養と頭の呼吸は他の組織によって引き起こされる、というのは正しいのです。この三つの組織が作られることによって、正しい意味で共同が成り立ちます。

人々が三区分について語ることに、私はいつも抵抗してきました。大事な問題は、「いずれにせよ存在する三部分が、いかに自然な方法で互いに適切に作用できるように位置するか」ということです。

精神的有機体は本質的に自由を土台としています。しかし、精神有機体のなかに、もちろん経済も作用しなければなりません。そうでないと、教授たちは食べていけないでしょう。その作用が別の組織から発すると、正しい作用になります。ですから、ある方向に向けて経済有機体、他の方向に向けて精神有機体、そして国家・法律有機体を拡張することが必要です。

この三分節を「区分」と考える者が、反論をします。よく、そうなります。私が「社会有機体の〈三議会〉について語った」という解説を見付けたことがあります。そのように表象する人々は、ありえないことを思い浮かべています。国家のなかにのみ一個の議会があるのであって、自由な精神生活のなかには議会はないからです。精神生活のなかには、自明の権威を有する個々の個人がいるだけです。経済領域には、アソシエーションしか存在しません。議会のなかには、すでにあらゆる機能が合流しています。社会有機体においては、個々の部分のあいだで正しい処置がなされるでしょう。

——利益追求が物理学的な質量と比較されました。労働を流通と利益追求の関数に譬えることはできますか。

シュタイナー　物理学的なエネルギー公式によると、$e=\frac{m\times V^2}{2}$ です。同様の方法で、国民経済エネルギーを表わすことができます。可能な利益を、通商の速度と掛けます。e＝g×f（通商）です。利益追求は、流通の速度と掛けねばなりません。そうすると、仕事のための数が得られます。これが個々の製品に通用します。一定の利益を得て、それを売上と掛けると、仕事の数量が得られます。利益にゼロを掛ける必要があると、つまり、みなさんが直接販売すると、仕事の数量はゼロになります。0＝g×0です。

――イギリスの王冠の宝石の価値は、その宝石と贅沢な需要とのあいだの張力に相当しますか。

シュタイナー　あなたが言っているのは、別の経過を通してものごとはそうなる、ということです。消費をとおして発生する張力は、自然産物の加工と精神的オーガニゼーションをとおして労働が得る価値とのあいだの応力です。

イギリスの王冠の宝石については、その価値を一面的に語ってはなりません。一体、何に価値があるのでしょう。まったく一定の、つまり一定の精神性に浸透された経済秩序において、意見すなわち精神をとおして、その宝石は価値を得ます。「この価値」を石自体が持っている、ということはできません。その宝石に付いた意見をとおして価値が生じるだけです。

物理学においては、相互の関係以外のものをあまり計算に入れる必要がありません。小さな雪玉から雪崩が起きるとき、公式を変える必要はありません。同様に、珍品が膨大な労働量と等価であるような特別の状態が発生しても、国民経済的考察における公式を変える必要はありません。

『社会の未来』1919. 10. 24-30. の内容

第一講　精神問題・法律問題・経済問題としての社会問題

第二講　アソシエーションを基礎にした経済／市場の変化／価格形成／貨幣と税の本質／信用

第三講　法律問題／民主主義の課題と限界／公権のあり方と刑法の管理

第四講　精神問題／精神科学（芸術・化学・宗教）／教育制度／社会芸術

第五講　精神生活・法生活・経済生活／三分節化された社会有機体の統一化

第六講　三分節化された社会有機体における国民生活と国際生活

『国民経済学講義』1922. 7. 24-8. 6. の内容

第１講　国民経済学の誕生／自然と資本のあいだの経済活動

第２講　価格形成／生産の三要素＝自然・労働・資本

第３講　社会的営為として組み込まれる労働／分業

第４講　分業による資本の発生／貨幣経済と資本

第５講　循環過程としての経済プロセス／価値の構築と解体／見かけ上の価値

ルドルフ・シュタイナー（Rudolf Steiner）
1861年ハンガリーで生まれ、1925年スイスで没したオーストリアの精神哲学者。自然科学研究・哲学研究を経て、独自の精神科学＝人智学 Anthroposophie を樹立。教育・医学・農業の分野で大きな業績を残した。著書に『シュタイナー自伝』（アルテ）、講義録に『子どもの健全な成長』（同）など。

西川隆範（にしかわ　りゅうはん）
1953年、京都市に生まれる。スイスのシュタイナー幼稚園教員養成所講師、アメリカのシュタイナー・カレッジ客員講師を経て、多摩美術大学非常勤講師。おもな著書・訳書に『職業のカルマと未来』『シュタイナー教育ハンドブック』（風濤社）『シュタイナー経済学講座』（筑摩書房）『生き方としての仏教入門』（河出書房新社）ほか。

シュタイナー世直し問答

ルドルフ・シュタイナー著

西川隆範編訳

2009年6月1日　初版第一刷発行

装画…………横尾龍彦

協力…………佐藤雅史

発行…………風濤社

発行者………高橋 栄

東京都文京区本郷 2-3-3　113-0033

TEL 03-3813-3421

FAX 03-3813-3422

HP http://futohsha.co.jp

組版／装丁…有限会社閏月社

印刷所………吉原印刷株式会社

製本所………積信堂

乱丁・落丁本はお取り替えいたします。